AF826435

Schule und Unterricht während der provisorischen preussischen Verwaltung der Rheinlande 1814–1816.

Mit besonderer Berücksichtigung der Tätigkeit von Josef Görres als Direktor des öffentlichen Unterrichts.

Inaugural-Dissertation
zur
Erlangung der Doktorwürde
genehmigt
von der Philosophischen Fakultät
der
Rheinischen Friedrich-Wilhelms-Universität
zu Bonn.

Von
Alfons Schagen
aus Düsseldorf.

Promoviert am 2. Mai 1913.

Bonn 1913
A. Marcus & E. Webers Verlag
Dr. jur. Albert Ahn

Berichterstatter:
Geheimer Regierungsrat Professor Dr. v. Bezold.

Mit Genehmigung der Fakultät kommt hier nur das IV. Kapitel der eingereichten Arbeit zum Abdruck. Die ganze Arbeit wird unter dem Titel: „Josef Görres und die Anfänge der Preußischen Volksschule am Rhein, 1814—1816" in der vom Verlage Marcus und Weber, Bonn herausgegebenen Sammlung: „Studien zur rheinischen Geschichte" erscheinen.

Meinen Eltern.

Quellen und Literatur.

Akten des Koblenzer Staatsarchivs = **K. St. A.** Es wurden hauptsächlich benutzt die Akten der Direktion des öffentlichen Unterrichts = **Repert 249.**

Akten des Düsseldorfer Staatsarchivs = **D. St. A.** Benutzt wurden die Akten des Gen. Gouv. N.- und M.-Rhein. Gouv. Kommissariat = **Rep. D 4 II** und Gen. Gouv. N.- und M.-Rhein. Gouv.-Registratur = **Rep. D 4 I.**

Akten des Geheimen Staatsarchivs = **G. St. A.**

Akten des Rhein.-westf. Wirtschaftsarchivs zu Köln.

Journal vom Nieder- und Mittelrhein, 1814–1816 = **Journal.**

Amtsblatt für das Rheinmoseldepartement. Jahrg. 1815 und 1816.

Koblenzer Nachrichts- und Anzeigeblatt. 1815.

Koblenzer Anzeiger. Jahrg. 1816–1820.

Rhein. Merkur 1814–1816.

* * *

Altmann, Ausgewählte Urkunden zur außerdeutschen Verfassungsgeschichte. Berlin 1897.

Bormann-Daniels, Handbuch der für die Königl. Preußischen Rheinprovinzen verkündigten Gesetze, Verordnungen und Regierungsbeschlüsse aus der Zeit der Fremdherrschaft. Köln 1836.

Bulletin des lois de la république française.

Baumeister, Die Einrichtung und Verwaltung des höheren Schulwesens in den Kulturländern von Europa und Nordamerika. I. Bd. 2. Abt. des Handbuches der Erziehungs- und Unterrichtslehre für höhere Schulen. München 1897.

Beier, A., Die höheren Schulen in Preußen und ihre Lehrer. Halle 1909.

Galland, Josef v. Görres. Freiburg 1876.

Görres, Ges. Briefe Bd. I. München 1858. Bd. II. und III. 1874.

—, **In** Sachen der Rheinprovinzen und in eigener Angelegenheit. Stuttgart 1822.

Gruner, J. v., Ein Beitrag zum Briefwechsel von J. Görres. **Deutsche Revue 1893.**

Haym, R., Die Romantische Schule. Berlin 1906.

Hermens, Handbuch der gesamten Staatsgesetzgebung über den christlichen Kultus und über die Verwaltung der Kirchengüter und Einkünfte in den Königl. Preußischen Provinzen am linken Rheinufer. Aachen und Leipzig 1833–1852.

Moldenhauer, Geschichte des Höheren Schulwesens der Rheinprovinz unter preußischer Regierung. Köln 1895.

Müller, K. A. v., Briefe von und an J. Görres. Archiv für Kulturgeschichte 1911.

—, Fünf Briefe von Jos. Görres. Euphorion Bd. XIX. 1912.

Neigebaur, Die angewandte Kameralwissenschaft, dargestellt in der Verwaltung des Generalgouverneurs Sack am Nieder- und Mittelrhein. Leipzig 1823. = **A. K.**

—, Darstellung der provisorischen Verwaltungen am Rhein. Köln 1821. = **Prov. Verw.**

—, Sammlung der auf den öffentlichen Unterricht in den Königl. Preußischen Staaten sich beziehenden Gesetze und Verordnungen. Hamm 1826.

—, Das Volksschulwesen in den Preußischen Staaten. Berlin 1834.

Pestalozzi, Sämtliche Schriften. Bd. V und XI. Stuttgart und Tübingen 1819–1826.

Raumer, v., Geschichte der Pädagogik II. Teil. Stuttgart 1847.

Rhein.-westfälische Monatsschrift. Herausg. von Rossel. Aachen 1824.

Roenne, v., Das Unterrichtswesen des Preußischen Staates. Berlin 1855.

Rühl, Briefe und Aktenstücke zur Geschichte Preußens unter Friedrich Wilhelm III. II. Bd. Leipzig 1900.

Schellberg, Josef von Görres ausgewählte Werke und Briefe. 2 Bde. Kempten und München 1911.

Schulteis, C., Erläuterungen zum geschichtlichen Atlas der Rheinprovinz. Bd. I. 1895.

Sepp, Görres und seine Zeitgenossen. Nördlingen 1877.

Varrentrapp, Johannes Schulze und das höhere preußische Unterrichtswesen in seiner Zeit. Leipzig 1889.

Vollheim, Die prov. Verwaltung am Nieder- und Mittelrhein während der Jahre 1814–1816. Bonn 1912.

Willemsen, Das bergische Schulwesen unter der französischen Herrschaft. Mitteilungen der Gesellschaft für deutsche Erziehungs- und Schulgeschichte. Jahrg. 18, Heft 2 und 3. 1908.

Durchgesehen, aber für diese Arbeit ohne Ergebnis, sind ferner:

Görres, Gesammelte Schriften, herausg. von Marie Görres. München 1854–1860.

Grashof, Aus meinem Leben und Wirken. Essen 1839.

IV. Schule und Unterricht.[1])

1. Abschnitt.

Bevölkerung und Schule.

Die finanziellen und sozialen Verbesserungen mußten das Fundament abgeben, auf dem erst ein auch im ganzen inneren Betriebe geordnetes Schulwesen in den Rheinlanden aufgebaut werden konnte. Solange die wirtschaftlichen Vorbedingungen nicht wenigstens zum Teil gegeben waren, konnten alle Bemühungen um innere Verbesserungen nur vergeblich sein. Anderseits mußten manche Fragen in der inneren Organisation des Schulwesens zuvor gelöst werden, bevor sich eine endgültige Regelung der äußeren Verhältnisse durchführen ließ. So konnte man z. B. durchaus keine Übersicht gewinnen über die zur finanziellen Aufbesserung der Schulen und Lehrer notwendigen Mittel, bevor man nicht durch Schulvorstände und ähnliche Behörden eine gründliche Aufnahme des Bestehenden und Erforderlichen erhalten hatte. Während aber gerade die finanziellen Reformen bei dem provisorischen Zustande selbst auch nur vorläufige und beschränkte sein konnten, durfte man bei den inneren Reformen schon etwas gründlicher vorgehen, da sie von jeder neuen Regierung, die eventuell die linksrheinischen Gebiete

[1]) Die Darstellung ist nach den aus der Materie sich ergebenden Punkten systematisch geordnet, nicht nach der Reihenfolge der Verfügungen, d. h. die einzelnen Verfügungen sind nicht als Ganzes in chronologischer Folge behandelt, sondern nach den von ihnen berührten Materien zerlegt worden. Innerhalb der einzelnen Punkte, wie z. B. Lehrerausbildung, Anstellung, Schulaufsicht usw. sind die aus verschiedenen Verfügungen entnommenen Bestimmungen dann chronologisch dargestellt. So ist für jeden dieser einzelnen Punkte eine geschlossene übersichtliche Darstellung ermöglicht.

übernehmen würde, mehr oder weniger in demselben Geiste und mit denselben Mitteln in Angriff genommen werden mußten.

Zunächst galt es, einen sehr wichtigen Faktor in der ganzen Reformarbeit für sich zu gewinnen, das Interesse und die Mitarbeit weiterer Kreise der Bevölkerung. Allenthalben regte sich im rheinischen Volke die gespannte Erwartung, wie das geordnete preußische Staatswesen sich in den neuen Gebieten geltend machen werde, und nach den harten Bedrängnissen der Kriegsjahre sah man dem Kommenden erwartungsvoll entgegen. Diese dem Neuen günstige Stimmung mußte die Regierung vorsichtig bei ihren Besserungsplänen ausnutzen. Einen Monat nach Übernahme des Gouvernements erließ Sack im Journal vom 16. Juli 1814 einen Aufruf betreffs der Volks- und Jugendbildung, worin er in schwungvollen Worten den Kontrast beleuchtete „zwischen dem despotischen Verwaltungssystem des gestürzten französischen Tyrannen und den liberalen Regierungsgrundsätzen deutscher Fürsten." Eine gründliche Revision des ganzen Schul- und Erziehungswesens, vor allem der Primärschulen, „dieser Urquelle aller Volksbildung und moralischen Volkskraft", stellte der Generalgouverneur in Aussicht und forderte „jeden Schulmann, jeden Gelehrten, jeden Menschenfreund, welchem diese heiligste Angelegenheit der Menschheit am Herzen liegt", zur Mitwirkung auf bei seinen Bemühungen. In einer Bekanntmachung vom 24. Juli, welche die vorläufige Organisation des Schulwesens anzeigte, wurde es als wichtige Aufgabe der beiden Direktoren des öffentlichen Unterrichts bezeichnet, auf ihren Dienstreisen „mit allen besseren Menschen ihres Fachs in jene lebendige Berührung zu kommen, durch welche demnächst auch in die Geschäfte ein warmes regsames Leben übergeht". Diese persönliche Bekanntschaft mit allen „für diese gute und große Sache erwärmten oder erwärmungsfähigen Männern" wurde von Sack dem Direktor Görres vor Antritt seiner Dienstreise nochmals besonders anempfohlen. In außerordentlich praktischer und erfolgreicher Weise wußte der Generalgouverneur diese von ihm so sehr erstrebte Beteiligung weiterer Kreise an den Reformarbeiten heranzuziehen durch die Schulfragen, deren

Projekt er am 27. Juli 1814 Görres zur Begutachtung zusandte. Diese Fragebogen wurden am 15. August d. J. den Gouvernementskommissaren zugestellt mit der Weisung, sie durch die Kreisdirektoren, deren Lokal- und Personenkenntnis hierbei notwendig war, auf die einzelnen Gemeinden ihres Bezirkes zu verteilen, und zwar an diejenigen Personen, ob Staatsbeamte oder Privatleute, von denen sie nach Pflicht und Gewissen überzeugt zu sein glaubten, daß sie diese Fragen am gründlichsten und einsichtsvollsten beantworten würden. Bei der Auswahl dieser Männer sollte darauf geachtet werden, daß sie, sofern sie der ihnen gestellten Aufgabe mit möglichstem Eifer nachkämen, geeignet seien, bei den demnächst zu schaffenden Schulkommissarstellen besonders berücksichtigt zu werden. Vor allem möge man sich hüten, daß in diesem Falle, „wo es darauf ankömmt, den menschlichen Geist in lang entbehrte Rechte wieder einzusetzen, die Nation zu veredlen, und die auf ihr hängenden Wolken der Unwissenheit, der Sittenverderbnis und der Intoleranz zu zerstreuen", der ganze Zweck nicht durch einen mechanisch-statistischen Schlendrian vereitelt werde. Bis spätestens 15. Okt. wurden die Antworten vom Generalgouvernement zurückverlangt.[1]) Durch diese Verteilung von Fragebogen konnte

---

[1]) Diese Verfügung findet sich D. St. A. Rep. D. 4 II. IV. 51; Nr. 10. Die 43 Fragen selbst sind abgedruckt bei Neigebaur A. K. S. 165—169. Außerdem befinden sich in den Archiven zu Koblenz und Düsseldorf zwischen den betreffenden Akten noch verschiedene Originalexemplare. Die Fragen gingen sehr ins Einzelne. Fr. 1—4 bezog sich auf Größe und Einwohnerzahl der Gemeinde und die Zahl der schulfähigen Kinder. Fr. 5—12 fragten nach dem Vorhandensein einer Primärschule, nach den Familienverhältnissen des Lehrers, ob verheiratet, wieviel Kinder und in welchem Alter, ob die Frau zum Unterricht der Jugend beitragen könne, ob der Lehrer außer dem Schulamt noch ein anderes Amt, Gewerbe oder Handwerk treibe und wie es um die physische und moralische Beschaffenheit des Lehrers bestellt sei. Fr. 13 fragte nach der Art der Berufung und Prüfung der Lehrer. Die Fr. 14—22 erstreckten sich auf den Unterricht, und zwar auf Lehrfächer, Stundenplan, Lehrbücher, Klasseneinteilung, Zahl der schulbesuchenden Kinder, Handhabung der Disziplin und Dauer des Schulbesuches. Fr. 23 verlangte Auskunft über die Stimmung der Bevölkerung gegenüber der Schule, Fr. 24—29 über die soziale und finanzielle Lage des Lehrers.

man sicher sein, in jeder Gemeinde die Aufmerksamkeit der Bevölkerung auf die Reformarbeit zu lenken, die durch den so gewonnenen großen Kreis von Mitarbeitern am besten den Charakter einer durchgreifenden und zweckmäßigen Allgemeinheit erlangen konnte.

2. Abschnitt.

Ausbildung der Lehrer. Normalschulen.

Als wichtige Maßnahme mußte möglichst bald eine geordnete und bessere Ausbildung der Elementarlehrer in Angriff genommen werden. Schon im mittelrheinischen Gouvernement hatte Gruner die Wiedereröffnung der Koblenzer Normalschule durch Verfügung vom 13. Juni 1814 angeordnet.[1]) Diese Anstalt verdient wegen ihrer großen Wichtigkeit eine ausführliche Beschreibung. Die Normalschule war unter dem letzten Kurfürsten von Trier, Clemens Wenzeslaus, am 22. Oktober 1784 gegründet,[2]) beim Einzug der Franzosen geschlossen, aber dann durch den Präfekten Lezai-Marnesia wiederhergestellt worden. Im Herbst 1813 hatte sie infolge des Krieges den Unterricht wieder einstellen müssen. Die Zahl der Zöglinge war zunächst auf 24 bestimmt, war aber später auf 15 und dann auf 12 herabgesetzt worden. Diese genossen freie Wohnung und Beköstigung, freie Anschaffung der Bücher und Schreibmaterialien. Die Unterhaltungskosten waren für jeden Zögling auf 23,70 Franken

---

Fr. 30—42 fragten nach den etwa noch vorhandenen höheren Schulen (Gymnasien, Kollegien, Töchterschulen) und Privatschulen. Fr. 43 endlich verlangte von dem Berichterstatter Auskunft über die hauptsächlichsten Hindernisse der Schulverbesserung an den einzelnen Orten und die den lokalen Bedürfnissen entsprechenden Mittel zu ihrer Beseitigung. Über die Antworten vergl. man das im Anfang des 1. Kap. Gesagte.

[1]) K. St. A. Repert. 249 Nr. 63.

[2]) Diese Angabe entnehme ich aus dem Artikel über Clemens Wenzeslaus in der Allg. D. Biogr. In der Koblenzer Stadtbibliothek befindet sich ein Programm der Normalschule vom September 1788, das folgende Lehrgegenstände aufzählt: Katechetik, biblische Geschichte, deutsche Sprache, Briefschreibekunst, Naturlehre, Landwirtschaft, Schönschreiben, Rechenkunst, Meßkunst und Gesang.

monatlich veranschlagt. Die gesamten Kosten wurden von den Gemeinden bestritten, indem von den gewöhnlichen Einkünften der Gemeinde 4% besonderer Abgaben erhoben wurden, in denen die Beiträge für die Normalschule eingeschlossen waren. Die Lehrgegenstände der Anstalt, die mit dem Koblenzer Kollegium vereinigt war und daher die meisten Lehrer mit diesem gemeinsam hatte, waren: Religion und Sittenlehre, Schönschreiben, Deutsch, Französisch, Rechnen und Landmeßkunde, Naturlehre, Erdkunde, Geschichte, Klavierspielen, Choralgesang und Baumzucht.

Bei der Wiederherstellung der Schule durch Gruner beantragte der zum Bericht aufgeforderte Gouvernementskommissar Vinke die Beibehaltung dieser Lehrfächer mit Ausnahme des Religionsunterrichtes, den man mit Rücksicht auf die Beiträge auch nicht katholischer Einwohner aus dem Unterrichtsplane ausscheiden müsse. Diesem letzteren Antrage widersprach aber Görres in seinem Gutachten,[1]) indem er darauf hinwies, daß der größte Teil der Einwohner des Departements katholisch sei. Auch dürfe der Religionsunterricht nicht lediglich auf die Kirche beschränkt sein, sondern auch die künftigen Schullehrer müßten mit den nötigen Religionskenntnissen ausgerüstet sein, um die Bedürfnisse ihrer Zöglinge befriedigen zu können. Zur Ergänzung des Lektionsplanes beantragte Görres ferner noch die Einführung des Zeichenunterrichtes, wogegen der Unterricht im Französischen wegfallen sollte. Die Gesamtkosten der Anstalt wurden von Görres bei 15 Zöglingen und einem Reservefonds von 1000 Franken auf 7755 Franken veranschlagt, um deren Bewilligung er den Generalgouverneur ersuchte. „Da es das Wohl der Jugend und der kommenden Menschheit erfordert, dem traurigen Sinken der Landschulen zuvorzukommen", so verfügte Gruner am 13. Juni 1814,[1]) zwei Tage vor Übergabe der Verwaltung an Sack, die Wiedereröffnung der Schule unter Zustimmung zu dem Kostenanschlag von Görres, dem die Aufstellung eines Lehrplanes übertragen wurde. Zur Prüfung der aufzunehmenden Kandidaten, die mit Zeugnissen ihrer Ortsobrigkeiten und Pfarrer versehen sein mußten, wurde

---

[1]) K. St. A. Repert. 249 Nr. 63.

von Görres eine Kommission, bestehend aus dem Direktor der Anstalt und zwei Professoren, eingesetzt.[1]) Der Lektionsplan umfaßte die bisher gelehrten Fächer mit Ausnahme des Französischen und mit Hinzufügung des Zeichnens.

Durch die am 15. Juni 1814 erfolgte Vereinigung von Nieder- und Mittelrhein erfuhr auch der Wirkungskreis der Normalschule eine Beschränkung, indem die rechts der Mosel liegenden Gebiete von dem neuen Gouvernement ausgeschlossen wurden. Görres beantragte deshalb, den links der Mosel gelegenen Teil des Saardepartements, für das Gruner vorher eine Normalschule in Trier vorgesehen hatte, an der Normalschule in Koblenz teilnehmen zu lassen.[2]) Zugleich machte er der österreichisch-bayerischen Landesadministration den Vorschlag, aus ihrem Gebietsteile 15 Kandidaten zur Normalschule zu senden, wenn sie für deren Unterhalt aufkommen und 1800 Franken zur Lehrerbesoldung beitragen wollte. Dieses Anerbieten lehnte aber die Landesadministration ab mit der Begründung, daß sie über diesen Gegenstand schon anderweitig verfügt habe. Der links der Mosel gelegene Teil des Saardepartements einschließlich des Kreises Prüm nahm an der Normalschule teil. Im Rheinischen Merkur vom 11. Oktober 1814 wurden die Kandidaten auf den 20. Oktober zur Prüfung eingeladen und der Beginn des Unterrichts auf den Anfang November festgesetzt. Am 31. Oktober legte der Direktor der Normalschule die Liste der aufzunehmenden Kandidaten vor, deren Alter schwankte zwischen 14 und 46 Jahren. Er bat Görres, den Kandidaten die Nachricht von ihrer Aufnahme mitzuteilen und sie aufzufordern, bei Eröffnung des Kurses einen Strohsack, ein Kopfkissen, eine Bettdecke, ein paar Bettücher, ein Besteck und einige Servietten zu ihrem Gebrauche mitzubringen. — Eine von Görres vorgeschlagene Vermehrung der Zöglinge auf zwanzig und die Erhöhung der monatlichen Unterhaltungskosten auf 28 Franken mußte wegen der schlechten wirtschaftlichen Lage einstweilen unterbleiben. Die links der Mosel gelegenen Teile des Saar- und Rheinmoseldepartements

---

[1]) K. St. A. Repert. 249 Nr. 88.
[2]) K. St. A Repert. 249 Nr. 63.

blieben einstweilen ohne Normalschule. Infolge des Wiener Kongresses wurden sie aber am 28. Mai 1815 von der österreichisch-bayerischen Administration an das nunmehrige Großherzogtum Niederrhein zurückgegeben. Görres erneuerte daher den schon früher bei der Administration vergebens gestellten Antrag, den Bereich der Koblenzer Normalschule nunmehr auf diese Gebiete auszudehnen, unbeschadet der weiteren Bemühungen um die Errichtung einer Normalschule in Trier. Der Plan zu dieser Anstalt, der von Gruner schon vollständig entworfen war, erlitt durch die Trennung der beiden Moselufer eine große Unterbrechung, wurde aber nach dem Wiener Kongresse von Sack und Görres wieder energisch aufgenommen. Görres' Antrag, die Gebiete rechts der Mosel zur Koblenzer Normalschule zu verweisen, bezweckte nur eine vorläufige Maßregel, da die Gründung einer Normalschule in Trier wieder neue Vorarbeiten erforderte. Im Herbst 1815 lagen die Pläne für diese Anstalt schon wieder ganz fertig vor, so daß sie schon im Winter ihren Kurs hätte eröffnen können, als am 29. Oktober vom Oberpräsidenten Sack der Bescheid erteilt wurde, daß es ihm mit Rücksicht auf die kurze Zeit, die das Saardepartement noch unter seiner Verwaltung stehen werde, nicht angebracht erscheine, jetzt noch die Neugründung dieser Anstalt vorzunehmen, zumal da ihm zur Dotierung der Schule im Augenblick keine Fonds zur Verfügung ständen. Er werde deshalb diese Sache dem nächsten Oberpräsidenten zur schleunigen Berücksichtigung empfehlen.

Den Lektionsplan der Koblenzer Normalschule erweiterte Görres im April 1815 noch durch Einführung des Turnunterrichts, damit in Zukunft auch in den Landschulen die gymnastischen Übungen, die nach seiner Ansicht einen wesentlichen Teil der Erziehung ausmachten, verbreitet würden.[1]) Da sich einige der Kandidaten von der Zweckmäßigkeit dieses Turnunterrichtes zunächst nicht wollten überzeugen lassen, wurde der Direktor der Normalschule veranlaßt, sie mit Zwang dazu anzuhalten. — Besonderen Wert legte Görres auch auf die Unterweisung der Lehrer in der Obstbaum-

[1]) K. St. A. Repert. 249 Nr. 39.

und Bienenzucht, die sowohl geeignet sei, zur Aufbesserung der finanziellen Lage der Lehrer beizutragen als auch einen Zweig der Kultur bedeute, „der mit dem öffentlichen Unterricht in so enger Verbindung steht und worin sich dieser so werktätig zum allgemeinen Wohl bezeigen kann.“ [1])

Wenngleich auch die Zahl der die Normalschule besuchenden Kandidaten einstweilen noch nur eine sehr beschränkte sein konnte, so war doch der bisherigen Unordnung in etwa abgeholfen. Zudem genügte wohl auch die kleine Anzahl, um zunächst einmal die ganz unbrauchbaren Lehrer zu ersetzen.[2])

Die so auf den Normalschulen ausgebildeten Lehrer mußten natürlich auch späterhin zur Weiterbildung und zum Selbststudium angeregt werden. Görres empfahl deshalb dem Generalgouverneur in seinem Bericht vom 28. November 1814 [3]) die Einführung von Fachzeitschriften, die geeignet wären, die Lehrer sowohl über ihren Beruf zu unterrichten, als auch von ihnen für den Unterricht selbst verwertet zu werden. Zur Kontrolle und Anregung riet Görres ferner, in jährlichen Versammlungen der Lehrer vor den Kantonspfarrern, Bürgermeistern oder sonstigen Behörden von ihnen Bericht zu fordern über die Tätigkeit im verlaufenen Jahre, wobei die Lehrer auch untereinander Anregung und Rat geben könnten zur Verbesserung ihrer Schulen. Eine derartige Einrichtung kam später auf Grashofs Anregung im Roerdepartement zustande in den „Schullehrerkonferenzgesellschaften“, die Sack im Journal vom 21. Nov. 1815 öffentlich bekannt machte und belobte und zugleich zur Nachahmung an möglichst vielen Orten seines Gouvernements empfahl.[4])

---

[1]) K. St. A. Repert. 249 Nr. 19.

[2]) Über die im niederrheinischen Teile des Gouvernements zur Ausbildung der Lehrer getroffenen Maßnahmen durch die Normalkurse in Brühl und ähnliche Institute an anderen Orten des Gouvernements berichtet ausführlich Vollheim S. 222—226.

[3]) K. St. A. Repert. 249 Nr. 16.

[4]) Vollheim S. 227 ff.

3. Abschnitt.

Anstellung der Lehrer.

Entsprechend der gebotenen Möglichkeit zu besserer Ausbildung mußten natürlich auch andere Anforderungen für die Anstellung der Lehrer erhoben werden, ganz davon abgesehen, daß es ja überhaupt in der bisherigen regellosen Art nicht weitergehen konnte.

Im mittelrheinischen Gouvernement hatte Gruner durch Verfügung vom 12. Juni 1814[1]) über die Anstellung folgendes verordnet: „Fortan sollen die Schullehrer auf dem Lande nach dem Vorschlag des Ortspfarrers, auf das Gutachten des Bürgermeisters der Bürgermeisterey und nach vorgängiger Prüfung durch die Lehrer der Normalschule und in Gemäßheit eines darüber ausgestellten Zeugnisses von den Gouvernementskommissaren ernannt werden." Es ist eigentümlich, daß der Direktor des öffentlichen Unterrichts hierbei vollständig ausgeschaltet ist, dem doch zuvor die Besetzung erledigter Stellen übertragen war. Seine Mitwirkung scheint lediglich in einer Begutachtung der dem Gouvernementskommissariat gemachten Vorschläge bestanden zu haben. Das Vorschlagsrecht des Pfarrers entsprach der Bestimmung Gruners, daß es, um die materielle Lage des Lehrers möglichst zu verbessern, in Zukunft als allgemeine Regel gelten solle, daß das Lehramt mit der Küsterstelle verbunden werde. Die Gemeinde mußte durch den Bürgermeister natürlich auch ein Wort mitzureden haben.

In der Praxis stellten sich einer so einfachen Erledigung dieser Frage aber manche Schwierigkeiten entgegen, wie sich mit der Zeit im nieder- und mittelrheinischen Gouvernement zeigte. Mit der bisher öfters gehandhabten Erblichkeit des Amtes vom Vater auf den Sohn wurde man ja wohl leicht fertig. Bei Gelegenheit eines derartigen dem Gouvernementskommissariat Koblenz vorliegenden Antrages gab Görres sein Gutachten dahin ab[2]): „So verträglich es auch mit dem Wohl des Ganzen ist, Söhne verdienter Schullehrer, welche Fähigkeiten und Eifer für das Gute haben, zu befördern, — so

---

[1]) K. St. A. Gouv. Kom. Kobl. VI. Sekt. 2 B. 1 Nr. 3.

[2]) K. St. A. Gouv. Kom. Kobl. VI. Sekt. 2 B. 2 Nr. 3.

ist es dennoch gegen die Würde des Lehramtes überhaupt, Anwartschaften vom Vater auf den Sohn, und so dem Amte einen Anstrich der Erblichkeit zu geben." An dem ordnungsgemäßen Besuch der Normalschule müsse durchaus festgehalten werden. Auch erwarte er von dem Generalgouverneur die Entfernung aller derjenigen Lehrer, die von Nebengemeinden zum Schaden des ordnungsmäßig angestellten Lehrers im Hauptorte nach eigener Willkür berufen worden waren.[1])

Da Gruners Verordnung nur für den Mittelrhein Gültigkeit hatte, mußte für das gesamte Gouvernement betreffs der Anstellung eine neue Regelung erfolgen. Es lag nahe, diese zunächst bis zur endgültigen Organisation nach der bestehenden Gesetzgebung zu handhaben. Das ging aber deshalb nicht an, weil eben die in der Organisation der Université impériale für die Lehreranstellung getroffenen Bestimmungen niemals allgemein durchgeführt worden waren. Hätte man das aber jetzt versuchen wollen, so mußte das an den Orten, wo das Gesetz über die französische Universität noch nicht durchgedrungen war, den Anschein erwecken, als führe man neue französische Gesetze ein. Bevor das Gouvernement hierüber eine auch nur vorläufige allgemeine Bestimmung treffen konnte, war noch eine andere Schwierigkeit zu überwinden. Viele Vikariatsstellen, denen stiftungsgemäß der Schulunterricht übertragen war, waren zur Zeit unbesetzt und somit der öffentliche Unterricht an den betreffenden Orten ganz vernachlässigt, falls die Gemeinde nicht durch einen vorläufigen Kontrakt dafür gesorgt hatte. Die Schwierigkeit bestand für die Regierung nun darin, die Anstellung der Lehrer auch in solchen Orten in die Hand zu bekommen, ohne später durch die Reklamationen der neuernannten Vikare behindert zu werden. Sack entschied deshalb durch Verfügung vom 16. Juli 1815,[2]) daß man ohne Bedenken einstweilen an solchen Orten, wo die Schule durch Vakanz der Vikarie verwaist sei, einen geeigneten weltlichen Schullehrer ernennen und provisorisch auch in den Genuß der Vikarieeinkünfte, soweit sie als Remuneration für das

[1]) K. St. A. Repert. 249 Nr. 155.
[2]) D. St. A. Repert. D 4 II. IV 51 ; Nr 9.

Schulhalten bestimmt seien, einsetzen könne. Für die Zukunft wurde dann ein die Rechte beider Teile sichernder Beschluß über das Verhältnis der Vikare und Lehrer hinsichtlich der Einkünfte in Aussicht gestellt.

Auf Anordnung des Ministeriums vom 24. Juni 1815 sollten in Zukunft alle Lehrer, die zum erstenmal ein öffentliches Schulamt antraten, einen Diensteid ablegen, in dem sie versprachen, die ihnen anvertraute Jugend „zu gottesfürchtigen, guten und verständigen Menschen zu erziehen und mit Ernst und Eifer" sich bemühen, „auch selbst ein christliches Leben führen" zu wollen, „wie es einem rechtschaffenen Lehrer geziemt".[1])

Für die Dauer des provisorischen Zustandes der Verwaltung wurde am 7. August 1815 die Anstellung der Lehrer durch folgende Verfügung[2]) geregelt.

1. „Kein Elementarschullehrer kann angestellt werden, ohne daß der betreffende Direktor des öffentlichen Unterrichts durch gründliche Prüfung die Überzeugung von der vollkommenen Qualifikation des Kandidaten zum Schulamte erworben habe. Übrigens steht es dem Direktor frey, die Prüfung entweder selbst vorzunehmen oder durch einen qualifizierten Stellvertreter vornehmen zu lassen.

2. Die Präsentation zu erledigten Elementarschulstellen soll, sobald die Schulinspektorate und die Lokalschulvorstände eingerichtet sein werden, ausschließlich von den letzteren durch das Medium der ersteren bey dem betreffenden Direktor des öffentlichen Unterrichts geschehen, welcher darauf die Prüfung anordnet und nach günstigem Resultat derselben den Kandidaten dem betreffenden Gouvernementskommissar überweiset, um von demselben sein Anstellungsdekret zu erhalten, in welchem die dem Kandidaten erteilte Approbation der Direktion des öffentlichen Unterrichts jedesmal ausdrücklich angeführt sein muß.

3.

[1]) K. St. A. Repert. 249 Nr. 7.

[2]) K. St. A. Gouv. Kom. Kobl. Sekt. 2 B. 1 Nr. 3.

4. Die Lokalschulvorstände sollen bey ihrer Präsentation solche Subjekte vorzugsweise berücksichtigen, welche durch ihre fruchtbare Teilnahme an dem Unterricht eines Schulseminars oder Übungskursus sich zum Schulamte besonders qualifiziert haben ....
5. Bis zur Einrichtung der Schulinspektorate und Lokalschulvorstände soll die Präsentation gemeinschaftlich von dem betreffenden Bürgermeister und Pfarrer, und unmittelbar bey dem betreffenden Direktor des öffentlichen Unterrichts geschehen, übrigens aber schon jetzt nach den oben entwickelten Grundsätzen überall verfahren werden.
6. Ein eigentliches Wahl- oder Patronatrecht der Gemeinden hinsichtlich ihrer Elementarschulstellen kann auch, wenn es irgendwo in früherer Zeit hergebracht gewesen sein sollte, nicht geduldet werden, weil eine den Zwecken des öffentlichen Unterrichts durchaus schädliche Abhängigkeit des Schullehrers von den Launen der Gemeinde daraus nur zu leicht hervorgeht, doch ist allerdings bey den Präsentationen neuer Elementarschullehrer jeder billige und vernünftige und den vorstehenden Dispositionen nicht zuwiderlaufende Wunsch der Gemeinde von den Lokalschulvorständen, und bis zu deren Einrichtung von den Bürgermeistern und Pfarrern nach Möglichkeit zu berücksichtigen."

Durch diese Verfügung sicherte sich die Regierung die Oberaufsicht und Entscheidung bei der Besetzung erledigter Lehrerstellen. Zwar war für die Befähigung der Lehramtskandidaten die Forderung einer seminaristischen Ausbildung oder wenigstens die Teilnahme an einem Normalkursus noch nicht ganz streng aufgestellt, doch sollten die durch einen derartigen Unterricht vorbereiteten Kandidaten vor anderen wenigstens den Vorzug haben. Jedenfalls war durch die Anordnung einer gründlichen Prüfung und eines ordnungsgemäßen Nachweises über das Ergebnis dieser Prüfung für die Zukunft die Möglichkeit ausgeschlossen, daß gänzlich unbrauchbare Subjekte in das Lehramt eindrangen. Besonders bemerkenswert ist die Ablehnung jeglichen Patronates der Gemeinden über die Schulen. Die schädlichen Folgen einer solchen Abhängigkeit des Lehrers waren in mancher Landschule ja schlimm zu Tage getreten, hatten besonders die Stellung des Lehrers innerhalb der Gemeinde und seine Autorität in ungünstiger Weise beeinflußt.

4. Abschnitt.

Schulaufsicht. Ortsschulvorstände und Schulinspektoren.

Zur Durchführung und Aufrechterhaltung der neuen Ordnung im Schulwesen war die Einrichtung von Mittelbehörden unerläßlich. — Im mittelrheinischen Gouvernement war durch Verfügung Gruners vom 12. Juni 1814 [1]) der Pfarrer „als der natürliche Vorstand und Aufseher der Landschule" bezeichnet worden. Den Ortspfarrern wurde es zur Pflicht gemacht, von Zeit zu Zeit die Schulen ihrer Pfarrei zu besuchen und über Ordnung und Lehrvortrag zu wachen. Die Oberaufsicht über alle Landschulen eines Kantons wurde den Kantonspfarrern zugewiesen, die jährlich einen Bericht über den Zustand der ihnen unterstellten Schulen und über eventuelle Verbesserungen an den ihnen übergeordneten Schulinspektor einreichen sollten. Durch diese Anordnung Gruners war der Geistlichkeit ein wesentlicher Einfluß im Schulwesen eingeräumt, und zwar geschah dieses, wie Gruner betonte, in dem Glauben „zu ihrem guten Sinn, zu ihrer Gewissenhaftigkeit und ihrer Religion, daß sie einem so hochwichtigen Geschäfte sich mit Eifer unterziehen, die allenfalls ihnen dadurch zuwachsende Beschwerde nicht achten, und im Gefühle ihres Berufs, die Lehrer des Volkes zu seyn, also handeln werden, wie es ihrem ehrenwerten Amte ziemt".

Hiermit war also der frühere ungewisse Rechtszustand beseitigt und die Schulaufsicht als ein Recht, ja als eine Amtspflicht der Geistlichkeit anerkannt. Als Schulinspektoren wurden unter dem gleichen Datum der Hofrat Jung und der ehemalige Rektor der Mainzer Akademie, Butenschön,[2])

[1]) K. St. A. Gouv. Kom. Kobl. VI. Sekt. 2 B. 1 Nr. 3.

[2]) Joh. Friedr. Butenschön geb. 14. Juni 1764 zu Bramstedt in Holstein. Weitere Angaben über ihn in der A. D. B. III. 1876. S. 650. Über Jung habe ich nichts Näheres ermitteln können.

ernannt und ihnen ein Jahresgehalt von 5000 Franken festgesetzt. Sie hatten jährlich zwei Umreisen in ihrem Bezirk zu machen und sich von dem Zustande der Schulen persönlich zu überzeugen.[1]) Görres beantragte nach der Vereinigung der beiden Gouvernements die Beibehaltung dieser Inspektoren. Da aber der größere Teil des einen Inspektionsbezirkes an die österreichisch-bayerische Administration gefallen war, welche die Regelung der Schulangelegenheiten selbst in die Hand nehmen wollte, beabsichtigte Sack, für jede der beiden Direktionen des öffentlichen Unterrichts nur je einen Inspektor mit einem Gehalt von 4000 Franken beizubehalten, bezw. neu einzusetzen.[2]) Görres wurde die Wahl gelassen zwischen seinen beiden bisherigen Inspektoren. Falls der von ihm zu entlassende Inspektor geeignet und katholisch sei, sollte er eventuell dem protestantischen Direktor Grashof beigegeben werden, was „der öffentlichen Meinung wegen wünschenswert" sei.[3]) Durch Verfügung Sacks vom 5. August 1814[4]) wurde Görres aufgetragen, zunächst den Hofrat Jung von seiner Stelle zu entlassen, dem Inspektor Butenschön dagegen eine Versetzung nach Koblenz mit Beschränkung seines Gehaltes auf 4000 Franken vorzuschlagen. Falls dieser damit nicht einverstanden sei, sollte auch er entlassen und an seine Stelle der von Görres vorgeschlagene Direktor Schulze aus Hanau zum Inspektor ernannt werden. Die definitive Ernennung dieser Inspektoren ist nicht erfolgt. Ein Inspektor für jeden Inspektionsbezirk wäre doch zu wenig gewesen. Görres' Bezirk umfaßte schon über 500 Gemeinden, deren äußerste mehr als zwanzig Meilen voneinander entfernt waren. Grashofs Bezirk war aber noch bedeutend größer. Es mußten mehr Inspektorate geschaffen werden, und Görres schlug deshalb vor, die brauchbarsten und für das Schulwesen interessiertesten Kantonspfarrer gegen eine kleine Entschädigung zu Schulinspektoren zu bestellen. Aber auch da-

---

[1]) K. St. A. Repert 249 Nr. 20.

[2]) Nr. 26 d. Verordn. im Journal vom 24. Juli 1814 und K. St. A. Repert. 249 Nr. 13.

[3]) K. St. A. Repert. 249 Nr. 13.

[4]) G. St. A. Repert 77 XXII. Litt. G 8 adh.

gegen wurden von Görres selbst schon verschiedene Bedenken geltend gemacht, wie denn überhaupt die Schaffung von Mittelbehörden einer vorsichtigen Erwägung bedurfte und sich lange verzögerte. Am 11. Juli 1815 teilte Sack den in Betracht kommenden Behörden einen fertig ausgearbeiteten Entwurf zur Durchführung mit.[1]) Als mittlere Schulbehörde wurde darin für jeden Kreis ein katholischer, und wo verschiedene Konfessionen in Betracht kamen, auch ein protestantischer Geistlicher als Inspektor aufgestellt. Sack hielt also an der von Gruner geschaffenen neuen Rechtslage in bezug auf die Schulaufsicht der Geistlichkeit fest. Die Ernennung der Inspektoren sollte vom Gouverneur selbst auf gemeinsamen Vorschlag der Unterrichtsdirektoren, Gouvernementskommissare und Generalvikariate geschehen. Bei diesen Vorschlägen sollte besonders darauf gesehen werden, ob die zu wählenden Inspektoren bei der definitiven Regelung der Kultverhältnisse als Erzpriester bezw. Superintendenten in Betracht kämen. Für die Mehrarbeit und die Reisekosten wurde den Inspektoren eine angemessene Entschädigung zugesichert. Bis zum Erlaß einer Dienstinstruktion sollte als vorläufige Bestimmung gelten, daß die Inspektoren in betreff der inneren Verhältnisse des Schulwesens nach oben mit dem Direktor des öffentlichen Unterrichts, nach unten mit den Lokalschulvorständen sich in Verbindung zu setzen hätten, hingegen die Regelung der äußeren Verhältnisse zwischen Inspektoren und Kreisdirektoren erfolgen sollte. Als erstes und wichtigstes Geschäft der Inspektoren wurde die Bildung von Lokalschulvorständen in Aussicht genommen, die aus dem zeitigen Ortspfarrer und zwei Familienvätern bestehen sollten. Der Bürgermeister als solcher war zunächst ausgeschlossen, doch sollte man bei der Wahl der Familienväter die Bürgermeister besonders berücksichtigen, damit bei Einführung der preußischen Verwaltung, die eine Beteiligung der Ortsvorstände an den Schulgeschäften gesetzlich erfordere, allzugroße Umänderungen vermieden würden. Görres' Vorschlag, mit der Einrichtung der Inspektorate zu warten bis nach der inzwischen angekündigten neuen

---

[1]) D. St. A. Repert. D 4 II. IV 51; Nr. 9.

Organisation der Rheinlande, lehnte Sack ab mit der Begründung, daß die definitive Organisation eher eine Vermehrung als eine Verminderung der Inspektoren bedingen würde, so daß man die vorläufig bestimmte Anzahl ruhig ernennen könne. Ein Aufschub war um so weniger ratsam, da ja die Lokalschulvorstände von den Inspektionen eingerichtet werden sollten. Der Generalgouverneur änderte aber schließlich selbst seine Meinung und ernannte im November[1]) anstatt der Inspektoren zunächst nur im Roerdepartement für je einen oder zwei Kantone Schulorganisationskommissare,[2]) aus denen dann später die Inspektoren gewählt werden sollten. Den Ernennungen zu Schulkommissaren wurden die mittlerweile einlaufenden Vorschläge für die Inspektorate zu Grunde gelegt. Jeder der Kommissare sollte sich zur Bildung der Lokalschulvorstände für je 30 bis 50 Schulen einen Kollaborator, womöglich einen Amtsbruder, wählen. Kommissare und Kollaboratoren sollten nach Beendigung der Organisation eine angemessene Remuneration empfangen. Für Städte mit mehr als 5000 Einwohnern wurden besondere Kommissionen von drei Mitgliedern angeordnet. Nicht ohne Absicht hatte der Generalgouverneur auf diese Weise den Kreis der an der Schulreform Beteiligten so sehr erweitert. Einerseits hatte er Gelegenheit, mehr Mitarbeiter kennen zu lernen und für die Sache zu gewinnen, anderseits wurde aber auch der nächste Zweck der Schulkommissionen, die Einsetzung von Lokalschulvorständen, um so mehr beschleunigt. Am 10. Dez. 1815 erließ Sack die von Grashof ausgearbeitete „Instruktion für die Schulorganisationskommissarien zur Einrichtung der Lokalschulvorstände".[3]) Darin wurden die Kommissare angewiesen, über die Verhältnisse eines jeden Ortes und jeder Schule ihres

---

[1]) D. St. A. Repert. D 4 II. IV 51; Nr. 9.

[2]) Die Ernennung von Schulorganisationskommissaren scheint die ursprüngliche Absicht gewesen zu sein. Schon in der Verfügung über die Bearbeitung der Schulfragen vom 15. Aug. 1814 war denen, die sich mit Eifer dieser Sache widmen würden, eine besondere Berücksichtigung bei Besetzung der Schulkommissarstellen versprochen worden. D. St. A. Repert. D 4 II. IV 51; Nr. 10.

[3]) Abgedruckt bei Neigebaur, A. K. S. 195.

Bezirkes durch mündliche und schriftliche Verhandlungen sich zu unterrichten und dann an allen Orten, wo der Sitz eines Pfarrers oder Vikarius war, einen Schulvorstand zu ernennen, und zwar auch dann, wenn solche Orte noch keine Schule hatten, sie aber nach ihrer Lage und Größe haben müßten. Als wesentliche Mitglieder des Schulvorstandes wurden bezeichnet:

1. Der Pfarrer des Ortes oder der Vikar,
2. der Bürgermeister oder an seiner Stelle ein Mitglied des Gemeinderates,
3. ein Familienvater für jede unter dem betreffenden Vorstande stehende Schule.

Für Orte aber, die zwar eine Schule, doch gemäß den Bestimmungen keinen Schulvorstand bekamen, wurde der für diese Schule gewählte Familienvater als Untervorstand eingesetzt, dem für dringende Entscheidungen zwei Familienväter als Beisitzer beigegeben werden sollten, die aber keinen Sitz im Oberschulvorstand hatten. Die Stellung als Schulvorstandsmitglied war ehrenamtlich. Die Pfarrer oder Vikare sollten sie bekleiden, so lange sie als solche am Orte wirkten. Die anderen Mitglieder wurden auf drei Jahre verpflichtet und sollten dann durch andere ersetzt werden können. Für die besonderen Schulkommissionen in den größeren Städten (Köln, Aachen, Kleve, Krefeld, Neuß, Düren, Eupen und Malmedy) wurde am 4. Januar 1816 ebenfalls eine ausführliche Instruktion erteilt. Um auch das Interesse weiterer Kreise der Bevölkerung an dem Organisationsgeschäfte zu beleben, wodurch den Kommissaren die Erkundigungen usw. wesentlich erleichtert wurden, gab der Generalgouverneur im „Journal" von den geschehenen Maßnahmen Kenntnis und wandte sich besonders an die Ortspfarrer und Bürgermeister, daß sie mit Bereitwilligkeit und Genauigkeit den Kommissaren die nötigen Aufschlüsse über die Ortsverhältnisse erteilen möchten.[1]) Im Anfang des Jahres 1816 waren die Arbeiten der Kommissare so weit beendigt, daß von Seiten des Generalgouverneurs die Bestätigung der Schulvorstände des Roerdepartements erfolgen konnte. Im

[1]) Bekanntmachung Nr. 159 im „Journal" vom 21. Dez. 1815.

„Journal“ vom 26. März 1816 gab Sack in begeisterten Worten seiner Freude darüber Ausdruck, daß durch dieses Institut ein fester Grund gelegt worden sei, „dessen Pfeiler allein den Übergang des Wortes zur That, der Idee zur Wirklichkeit sichern“. Nicht ohne Grund habe er die Schulvorstände aus mehreren Individuen und gerade aus denen zusammengesetzt, die in der Instruktion vom 10. Dezember v. J. angegeben waren. „Nicht allein wird dadurch das mannigfache Interesse der verschiedenen Glieder einer Gemeine an dem Zustande ihres Schulwesens in nähere Berührung und in engere Verknüpfung gebracht; sondern auch die drei allgemeineren und höheren Rücksichten, die eine jede bürgerliche Einrichtung als ihr höchstes Ziel unverrückt im Auge haben soll: Menschenwohlfahrt, Bürgerwohlfahrt und Familienwohlfahrt im engsten Verein erhalten in dem Pfarrer, den Gemeinderäten und den Familienvätern ihre bestimmten Sachwalter, ihre mutigen Vertreter.“

Ihnen vertraue er nun die Erfüllung dessen an, was er seit dem ersten Augenblicke seines Wirkens in den Rheinlanden „als das Höchste ersehnt und erstrebt habe: Veredelung dieses kräftigen deutschen Stammes am vaterländischen Rheine durch Volkserziehung und Unterricht. . . . Ein höherer Geist aber walte über ihnen und fördre und segne das Werk ihrer Hände.“

In der gleichen Nummer des „Journals“ wurde den Ortsschulvorständen eine vorläufige Instruktion erteilt, die sie hinwies auf ihre doppelte Verpflichtung, die Schulen und Lehrer bei der übergeordneten Behörde und den Willen dieser Behörde bei den Schulen und Lehrern zu vertreten, das Wohl der Schulen und Lehrer auf alle rechtmäßige Weise zu fördern und alle Verordnungen der Behörden sofort in Anwendung zu bringen. Bis zum Erlaß einer ausführlichen Instruktion sollten die Ortsschulvorstände ihre Tätigkeit nach folgenden drei Gesichtspunkten ausüben:

1. Aufnahme der schulfähigen Kinder,
2. Bericht über den jetzigen Zustand der Elementarschulen,
3. Vorschläge zu Verbesserungen.[1])

[1]) Die zu den einzelnen Punkten erteilten Weisungen werden in dem ihnen gebührenden Zusammenhang besprochen werden.

Um die ihnen aufgetragene Arbeit schnell zu erledigen, sollten die Schulvorstände für den Anfang alle 14 Tage eine Sitzung abhalten, später könnten die Sitzungen nur mehr jeden Monat stattfinden. Bei Beratschlagungen von allgemeinem' Interesse, welche die Mitwirkung der ganzen Gemeinde erforderten, sollten sich die konfessionell getrennten Schulvorstände zu gemeinsamen Sitzungen zusammentun.

Sack hatte des öftern die Notwendigkeit betont, eingreifende Neuerungen während des Provisoriums möglichst der zu erwartenden endgültigen Organisation anzunähern. So entsprach denn auch die für das Schulwesen der linksrheinischen Provinzen zunächst im Roerdepartement eingerichtete Verfassung der Schulorganisation in den altpreußischen Provinzen, die durch das General-Landschulreglement vom 12. August 1763[1]) im allgemeinen bestimmt und für einzelne Territorien später durch besondere Instruktionen in etwa modifiziert war. Der § 25 dieses General-Landschulreglements bestimmte, „daß die Prediger auf den Dörfern und in den Amts-Städten die Schulen ihres Ortes wöchentlich zweimal, bald Vormittags, bald Nachmittags besuchen, und nicht nur die Information des Küsters oder Schulmeisters anhören; sondern auch selbst über den Catechismum und andere Lehrbücher Fragen bei den Kindern anstellen sollen". Über die Mittelbehörden verordnete der § 26: „Den Superintendenten und Inspectoribus oder auch Praepositis und Erzpriestern jedes Kreises befehlen Wir endlich hiedurch auf das allernachdrücklichste, die gesammten Landschulen ihrer Inspektion jährlich selbst zu bereisen und mit aller möglichen Attention den Zustand jeder Landschule genau zu examinieren und zu untersuchen, ob die Eltern und Vorgesetzte ihre Kinder und Untergebene zur Schule gehalten oder darin nachlässig gewesen? Ob die Prediger im Besuch der Schulen und Beobachtung obangeregter Anordnungen zur Aufsicht über die Schulmeister ihrer Pflicht und Schuldigkeit nachgekommen? insonderheit, ob die Schulmeister die nötige Capaci-

[1]) Neigebaur, Das Volksschulwesen in den Preußischen Staaten S. 5—18 und
„ Sammlung usw. S. 126—142.

tät haben, oder ob sie untüchtig sind, und was sonsten deshalb zu erinnern und zu verbessern stehe? Wovon denn gedachte Superintendenten und Inspektoren ihre pflichtmäßigen Berichte alljährlich an unser hiesiges Oberkonsistorium zur weiteren Einsicht und Verfügung einsenden sollen."

Die starke Anlehnung der linksrheinischen Schulverfassung an die Bestimmungen dieses General-Landschulreglements ist ohne weiteres erkennbar.[1])

Es mag hier am Platze sein, Görres' Ansicht über das Verhältnis von Kirche und Schule, besonders über die geistliche Schulaufsicht, kurz zu charakterisieren. Eine Einwirkung der Kirche auf das Schulwesen erachtete Görres im Interesse der Erziehung als durchaus notwendig. „Daß der Staat mit der Kirche sich in die Volksbildung theile, ist im Recht und in der Natur der Sache gegründet, und jede blos einseitige

---

[1]) Vollheim behauptet auf S. 228 seiner Abhandlung, der Plan zur Einrichtung der Mittelbehörden in Sacks Gouvernement sei schon 1814 entworfen worden, aber nicht zur Ausführung gekommen, und er verweist dabei auf die bei v. Roenne S. 192—200 abgedruckten Verordnungen vom 6. Mai und 15. Juli 1814. Das dürfte ein Irrtum sein, an dem v. Roenne durch seine falschen Überschriften die Schuld trägt. Beide Verordnungen beziehen sich lediglich auf Berg. Das erkennt man bei der Verordnung vom 6. Mai 1814 schon gleich aus dem Eingang, wo von der vormaligen K. bayr. Regierung und im § 1 vom Großherzogtum die Rede ist. Die Verordnung vom 15. Juli, die auf die vom 6. Mai verweist, wurde von Gruner erlassen, als er zum zweiten Male Gouverneur von Berg war. Sie ist datiert: Düsseldorf 3./15. Julius 1814 und veröffentlicht im Berg. Gouvernementsblatt vom 4. August 1814. Ein gedrucktes Einzelexemplar dieser Verordnung findet sich ferner D. St. A. Gen. Gouv. Berg XIV. 4; Nr. 73. Aus allem diesem wie ganz besonders aus der Aufzählung der bergischen Gerichtsbezirke in § 14 geht klar hervor, auf welches Gebiet sich diese Verordnung erstreckte. v. Roennes Irrtum geht wohl auf Neigebaur zurück, der in seiner Schrift: „Das Volksschulwesen in den Preußischen Staaten" (Berlin 1834) S. 59 die Verordnung vom 6. Mai 1814 als „Verordnung des Generalgouverneurs vom Niederrhein" und S. 200 die Verordnung vom 15. Juli als „Verordnung des Generalgouverneurs vom Nieder- und Mittelrhein" abdruckt. Im Bergischen war übrigens das Schulwesen längst nicht so sehr reformbedürftig wie in den linksrheinischen Provinzen, so daß dort die Organisation der Schulbehörden damals schon durchgeführt werden konnte. Vergl. darüber H. Willemsen, Das berg. Schulwesen usw.

Sorge für diesen Gegenstand ist ein Misbrauch. Maßt sich der Staat allein das Geschäft an, dann werden, wie wir es gesehen, auch die irdischen Ansichten nur verfolgt, beym Gegentheil mischt sich häufig das Interesse des Standes ein, und der Staatszweck wird nur unvollkommen erfüllt. Darum wird es gut seyn, das Verhältniß beyder also abzuwägen, daß sie einander wechselseitig unterstützen, aber nicht leicht sich durchkreuzen können." [1])

Geistlichkeit und Lehrer betrachtete er als den gemeinsamen Lehrstand des Vaterlandes, „der ungeteilt zur Bildung der Menschen und Bürger eingesetzt ist, und dazu seine vereinten Kräfte aufbieten soll", so schrieb er an das Generalvikariat in Aachen.[2]) Diesem nämlichen Gedanken gab er im Rheinischen Merkur [3]) in folgender Weise Ausdruck: „Es sind aber die drei Säulen, auf welche alle ständische Verfassung gegründet ist, Lehrstand, Wehrstand und Nährstand. . . . . . Und zwar ist der Lehrstand vorerst in der Geistlichkeit dargestellt. . . . . . Wie in uralten Zeiten die Priester schon in solche sich getheilt, die dem Gottesdienst oblagen, und andere, denen die Pflege der Wissenschaft anvertraut gewesen, also hat sich auch bei uns der gelehrte Stand seines Ursprungs uneingedenk, vom geistlichen geschieden, und wird mit ihm den Lehrstand wieder ergänzen müssen. Handhabend die höheren geistigen Kräfte, bewahrend die Schätze, welche Geschichte und Nachforschung seit Jahrtausenden aufgehäuft, beherrschend das geflügelte Wort, die überall hindringende Schrift und dadurch die öffentliche Meynung, gebührt auch ihnen eine Stelle in der Nähe des Thrones." Diese Auffassung ließ Görres eine vorsichtige und schickliche Abwägung des Verhältnisses zwischen Pfarrer und Lehrer ratsam erscheinen. Da in der Regel wohl der Pfarrer den Lehrer an Bildung übertreffe, so sei es natürlich, daß er die Aufsicht über die Schule ausübe. Das könne nur von guten Folgen für die Schule selbst sein. Anderseits dürfe man auch nicht die Lehrer zu Knechten der Geistlichen machen. Der Pfarrer müßte

[1]) K. St. A. Repert. 249 Nr. 16.
[2]) K. St. A. Repert. 249 Nr. 29a.
[3]) Rhein. Merkur Nr. 105 vom 20. Aug. 1814.

Einsicht genug haben, zu wissen, „daß er nicht kömmt, um den Schullehrer in den Augen der Kinder zu demüthigen und zu erniedrigen, sondern um ihn zu unterstützen und um sein Ansehen durch das Seinige zu befestigen.“ [1])

Da einige Pfarrer in der Ausübung der ihnen im Schulwesen eingeräumten Rechte sehr nachlässig waren und ein geringes Interesse für die Schule bekundeten, verfaßte Görres Ende Februar 1815 eine eindringliche Mahnung [2]) an die Kantons- und Ortspfarrer, mit größerem Eifer sich dem ehrenvollen Geschäfte der Schulaufsicht zu widmen, durch dessen Übertragung an die Geistlichkeit die Regierung „die Würde der Religion und ihrer Diener und den wohlthätigen Einfluß, den sie auf Sittlichkeit und Bildung haben, neuerdings anerkannte und beyden wieder den Platz einräumte, der ihnen gebührt“. Diese Mitwirkung in der Schule sollten sie als einen der edelsten Teile ihres Amtes betrachten, nicht aber als eine untergeordnete Dienstverrichtung nur so nach Muße und Gelegenheit ausüben. „Ich muß billig voraussetzen,“ hieß es u. a. in diesem Aufruf, „daß die Bildung, welche die Herrn Pfarrer genossen, und durch die sie zu der Tüchtigkeit ihres Amtes reiften, sie recht in Stand setzt, die Landschullehrer ihres Sprengels zu unterstützen und zu leiten, den sich ergebenden Mängeln abzuhelfen, die Fehlenden zurechtzuweisen und das Ansehen der Guten zu halten und zu heben. Unter ihrer Aufsicht sollen die Schullehrer das reiche Feld der Erziehung bearbeiten und ihr Einfluß Thätigkeit und Leben in das Geschäft bringen. Unter ihrer Leitung soll die Schule Kirche und die Kirche Schule werden, wo sich das beßere Wissen mit dem beßeren Wollen vereinigt, die Kinder ebenso mit den nöthigen Kenntnissen und Fertigkeiten des Lebens auszurüsten als zu braven Menschen und deutschen Bürgern zu bilden. Dieß ist der Herrn Pfarrer heiliger Beruf; daß sie ihn erfüllen können, erwarte ich von ihrer Dienstfähigkeit, daß sie ihn erfüllen wollen, darf ich fortan auch

[1]) K. St. A. Repert. 249 Nr. 16.

[2]) K. St. A. Repert. 249 Nr. 85. Dieser Erlaß findet sich mit der Unterschrift des Koblenzer Gouvernementskommissars Sack in Nr. 22 des Amtsblattes für das Rhein- und Moseldepartement vom 17. März 1815. Von Görres' Verfasserschaft ist nichts gesagt.

von denen hoffen, die bißher noch weniger in das Erziehungswesen eingreifend erschienen."

Man mag heute über die Berechtigung der geistlichen Schulaufsicht denken wie man will, — die Erörterung dieser Frage gehört nicht hierher, — damals war sie jedenfalls eine unumgängliche Notwendigkeit, und nicht nur das, sie war vielmehr geradezu eine willkommene und nützliche Notwendigkeit, wodurch die Regierung viele Arbeitskräfte und damit Geldmittel sparte und zugleich auch die Aussicht erlangte, durch das in geziemender Weise ausgenutzte Interesse so mancher Pfarrer an der Schule, das bisher vielfach unterdrückt worden war, nützliche und brauchbare Vorarbeit geleistet zu sehen für spätere Reformen.

5. Abschnitt.

Schulbesuch, Schulhäuser und Klasseneinteilung nach Geschlechtern. Unterricht für die in Fabriken arbeitenden Kinder.

Die Einführung eines allgemeinen Schulzwanges war unter den bestehenden Verhältnissen natürlich nicht möglich und auch gar nicht beabsichtigt, zumal dieser ja auch in den altpreußischen Provinzen noch nicht durchgeführt war. Jedenfalls aber mußte etwas geschehen, um die Zahl der schulbesuchenden Kinder zu heben und die Dauer des Schulbesuchs zu regeln. Görres empfahl[1]) dem Generalgouverneur, an allen Orten ein Verzeichnis der schulfähigen Kinder aufzunehmen und dann mit Hilfe der Polizei darüber zu wachen, daß keines ohne triftigen Grund die Schule versäume. Zur Beurteilung der Versäumnisgründe sollte eine Art von Kommission aus dem Ortsvorstand, dem Pfarrer und dem Lehrer eingesetzt werden, die mit Ernst und Strenge der Nachlässigkeit der Eltern entgegenarbeiten müsse, und zwar am besten durch Verhängung von Geldstrafen für jedes unberechtigte Fehlen der Kinder. Eine diesen Anregungen in etwa entsprechende Verfügung wurde später im Roerdepartement getroffen, wo ja die Organisation des Schulwesens zuerst durchgeführt war. In der vorläufigen Instruktion für die Ortsschulvorstände vom 20. März 1816[2]) wurde ange-

[1]) K. St. A. Repert. 249 Nr. 16.

[2]) Nr. 41 im Journal vom 26. März 1816.

ordnet, daß die Mitglieder der Ortsschulvorstände ihren Bezirk zum Zwecke einer genauen Aufnahme der schulfähigen Kinder unter sich zu teilen hätten. Als schulfähig wurden die Kinder bezeichnet, deren Geburt in das fünfte Jahr vor der Aufnahme in die Schule fiel. Dem Schulvorstande wurde die Befugnis erteilt, geistig oder körperlich minderwertige oder anderweitig behinderte Kinder von dem täglichen Schulbesuche zu befreien, im übrigen sollte er jedoch an Hand der aufgestellten Listen den regelmäßigen Schulbesuch aller schulpflichtigen Kinder anordnen.

Für die Dauer des Schulbesuches während des Jahres mußten besondere Bestimmungen erwogen werden. Ein das ganze Jahr durchgehender Unterricht war nicht allenthalben sofort möglich, anderseits brachte die Beschränkung des Unterrichts auf die Wintermonate Nachteile mit sich, die man nicht länger mehr dulden konnte. Görres hatte sich deshalb auf seinen Reisen bei den Leuten selbst erkundigt, ob sie denn wirklich die Kinder während des ganzen Sommers aus der Schule halten müßten, und das Urteil verständiger Leute hatte dahin gelautet, daß die Kinder bis zum 11. Jahre ohne Schaden für die Landwirtschaft die Schule während des ganzen Jahres besuchen könnten. Mit Rücksicht darauf, daß die Landleute mehr zu einem tätigen als zu einem sitzenden Leben bestimmt seien, erachtete Görres allerdings eine Beschränkung der Lehrstunden für angebracht, etwa in der Weise, daß die größeren Kinder im Sommer nur von morgens 6—8 und mittags von 12—2 Uhr die Schule besuchten.

Um solchen Kindern, die weit von der Schule entfernt wohnten, besonders im Winter die Erfüllung der Schulpflicht zu erleichtern, empfahl Görres die Einrichtung von sogenannten Sonntagsschulen. Da die Kinder ohnehin Sonntags zur Kirche kämen, könnte man sie zwingen, nach dem Gottesdienst einige Stunden dem Schulunterricht beizuwohnen, wodurch wenigstens zwei Monate eines geregelten und über das ganze Jahr verteilten Unterrichts gewonnen würden. Diese Sonntagsschule könnte dann zugleich eine Kontrolle sein für die auf den Nebendörfern vielleicht einzurichtenden Unterschulen.[1])

[1]) Erst durch Verfügung des Königl. Konsistoriums zu Koblenz

Ganz energisch trat Görres dem vielfach herrschenden Unfug entgegen, daß die Kinder von dem Pfarrer zu früh zur Kommunion zugelassen und dann von den Eltern aus der Schule genommen wurden. In dem schon erwähnten Aufruf an die Pfarrer zu einer eifrigeren Betätigung im Schulwesen [1]) rügte er entschieden diesen Mißbrauch und ermahnte die Pfarrer, „nur jene zur letzten Stufe der Religionsübung schreiten zu lassen, die durch Kenntnisse und Bildung würdig befunden werden, sich derselben theilhaftig zu machen, und so wie ich zu allen Herrn Pfarrern das Zutrauen habe, daß sie diesen Schritt nur mit der Geisteskultur gleichförmig halten und nicht leichtsinnig übereilen werden, bitte ich die Herrn Kantonspfarrer, hierauf ihr besonderes Augenmerk zu richten. Schon dadurch allein, daß den Geistlichen die Erklärung der Mündigkeit der sämtlichen Jugend ihres Kirchensprengels überlassen ist, ist ihnen ein durchgreifender Einfluß auf das ganze künftige Geschlecht gestattet, und sie werden denselben gesegnet machen, wenn sie ihn mit Einsicht und Strenge nur zum Guten wenden und Sorge tragen, daß der Lehrling die Schule nicht verläßt, bis er sie entbehren kann, und eine seiner Bestimmung angemessene Richtung seiner Willenskräfte und Einsichten bevestigt ist.“

Durch die Reform des Schulwesens mußte die Schülerzahl sich bedeutend vermehren, so daß die Schaffung von eigenen Schullokalen notwendig wurde. Bei der Ärmlichkeit vieler Gemeinden war zunächst noch kaum daran zu denken. Görres lenkte aber doch schon zeitig die Aufmerksamkeit des Generalgouverneurs auf diesen Gegenstand, beantragte insbesondere die Räumung der bestehenden Lokale von Magazinen und Einquartierungen und empfahl, durch Einsicht der Örtlichkeiten und geeignete Maßnahmen einer zu befürchtenden Überfüllung der Schulen vorzubeugen. Daß die Regierung sich selbst auch mit dieser Frage befaßte, ersieht man aus Sacks Verfügung vom 26. Jan. 1815 [2]) über die

vom 20. April 1817 wurde die das ganze Jahr durchgehende Schule angeordnet, und auch damals noch mit Modifikationen im Interesse der Landwirtschaft. Vergl. Neigebaur, Sammlung usw. S. 200 ff.

[1]) Siehe S. 22.

[2]) D. St. A. Repert. D 4 II. IV 51; Nr. 9.

Lehrerbesoldung, worin er u. a. bekanntgab, daß, „wo die Umstände es nötig machen und gestatten, neue Schulhäuser zu erbauen ..... dies nach einem allgemeinen, demnächst mitzuteilenden Plane geschehen" solle.

Eine besondere Berücksichtigung verdiente die Frage der gemeinsamen Erziehung der Knaben und Mädchen in den Landschulen. In den Stadtschulen ließ sich die Trennung der Geschlechter schon eher durchführen, weil dort leichter weibliche Lehrpersonen zu finden waren, u. a. in den Nonnenklöstern. Görres empfahl[1]) dem Generalgouverneur auf Grund seiner Erfahrung in Luxemburg, wo der Unterricht der Mädchen z. T. von Nonnen besorgt wurde, die Klosterschwestern, wo es anginge, zum Unterricht heranzuziehen, denn „wenn der Unterricht durch Nonnen vielleicht auch da und dort etwas Kleinliches und Beschränktes" habe, so sei er doch zunächst der beste, den man für das weibliche Geschlecht finden könne, und jedenfalls bei weitem dem bisherigen Zustande der Verwilderung vorzuziehen. In den Landschulen mußten die gemischten Klassen zumeist die Regel bleiben, doch war auch hier wenigstens die Sonderung der Geschlechter innerhalb derselben Klasse als eine Besserung gegenüber dem häufig vorkommenden gänzlichen Durcheinander anzustreben. Görres meinte, in der Regel habe die Koedukation weniger sittlichen Nachteil als man glauben möchte, nur müsse dem äußerlichen Unfug des Neckens oder Schlagens durch eine gebührende Aufmerksamkeit des Lehrers Abbruch getan werden.[1])

Große Schwierigkeiten bot die Einrichtung eines Unterrichts für die in Fabriken arbeitenden Kinder.

In einem Berichte vom 14. Dezember 1814[2]) lenkte Grashof zuerst die Aufmerksamkeit der Regierung auf diesen Gegenstand und wies hin auf den auffallenden Unterschied in dem Charakter und der Bildung der Jugend in den Fabrikstädten und den Ackerbau treibenden Ortschaften. Da die Kinder in den Fabrikorten meistens vom achten Jahre an und noch früher den ganzen Tag über in den Fabriken be-

[1]) K. St. A. Repert. 249 Nr. 16.

[2]) D. St. A. Repert. D 4 I Sekt. 1 Kap. 21 Nr. 14.

schäftigt waren, wuchsen sie ohne jeglichen Unterricht auf. Ihre einzige geistige Nahrung war der sonntägliche Katechismusunterricht des Pfarrers. Dieser Übelstand machte sich besonders im niederrheinischen Teile des Gouvernements sehr bemerkbar.[1]) Gerade bei den dort vorherrschenden Industriezweigen, der Nadel- und Fingerhutfabrikation, in den mechanischen Spinnereien und Seidenwebereien war die Arbeit der Kinder besonders beliebt, oft fast unentbehrlich. In Görres' Amtsbezirk dagegen gab es keine eigentlichen Fabrikorte, nur in einzelnen Fabriken in Bonn, Poppelsdorf, Münstereifel, Cuchenheim wurden Kinder zur Arbeit benutzt.

Nur mit großer Vorsicht konnte die Regierung hier Abhilfe zu schaffen versuchen. Denn abgesehen davon, daß die Regierung selbst ein staatswirtschaftliches Interesse daran hatte, durch die Entziehung der Arbeitskräfte nicht die eine oder andere Industrie schwer zu schädigen, mußte sie auch des größten Widerstandes seitens der Eltern gewiß sein, die in der Fabrikarbeit ihrer Kinder ihre Haupteinnahmequelle erblickten, anderseits mußte man mit dem Widerstreben der Fabrikanten rechnen, die nicht so ohne weiteres die Kinder zur Schule entlassen wollten und oft auch wirklich nicht konnten, zumal dann, wenn die Kinder zu Vorarbeiten benutzt wurden, die zur Beschäftigung der erwachsenen Arbeiter zuvor geleistet werden mußten. Grashof schlug deshalb vor, den Unterricht für Fabrikkinder auf den Sonntag und einige Frühstunden in der Woche zu verlegen. Zur Deckung der Kosten sollte jeder Fabrikunternehmer veranlaßt werden, von dem Tagelohn der zu diesem Unterricht zu verpflichtenden Kinder einen gewissen Prozentsatz zurückzubehalten und an das Wohltätigkeitsbureau oder den Schulvorstand seines Ortes abzuliefern. Bei der geringen Stundenzahl, die man für diesen Unterricht würde gewinnen können, mußte eine vorsichtige Auswahl der Lehrer geboten erscheinen, damit möglichst günstige und zweckentsprechende Resultate erzielt werden könnten. Diese Vorschläge wurden den Handelskammern in

---

[1]) Vergl. Sacks Bericht an das Ministerium D. St. A. Repert. D 4 I Sekt. I Kap. 21 Nr. 14. Bessere Abschrift davon K. St. A. Repert. 249 Nr. 25.

Aachen, Köln, Krefeld und Verviers zur Begutachtung unterbreitet. Diese betonten in ihren Antworten einstimmig die Notwendigkeit eines solchen Unterrichts und sagten gerne ihre Mitwirkung zu. Je mehr man sich jedoch mit der Sache beschäftigte, um so mehr wuchsen von allen Seiten die Schwierigkeiten. Die Handelskammern äußerten in ihren Berichten schon gleich verschiedene Wünsche bezüglich der Unterrichtsstunden, der Besoldung usw. Mit Recht äußerte z. B. die Krefelder Handelskammer Bedenken gegen die Sonntagsschule. Kinder, die während der ganzen Woche immer sitzend gearbeitet hätten, dürfe man nicht zwingen, nachdem sie Sonntags in der Predigt, in der Messe und Katechese abermals gesessen hätten, nun noch einige Stunden in der Schule zu sitzen. Auch würde man für Sonntagsschulen in Krefeld kaum einen Lehrer finden, da von den fünf vorhandenen Primärlehrern noch einige ein Kirchenamt bekleideten, das ihnen die Haltung von Sonntagsschulen unmöglich mache. Deshalb seien in Krefeld wohl Abendschulen anzuraten. Die Kölner Handelskammer hatte vor allem Bedenken wegen der Besoldung der Lehrer. Der von ihr befragte Rat der Gewerbeverständigen hatte sein Gutachten dahin abgegeben, daß ein Abzug vom Tagelohn der Kinder unmöglich sei wegen der Kärglichkeit dieser Löhne, wies aber darauf hin, daß in Köln noch alte Stiftungen beständen, die man vielleicht zu diesem Zweck benutzen könnte. Die Handelskammer fügte dem noch hinzu, daß, falls diese Stiftungen nicht mehr verfügbar seien, der kleine Betrag vielleicht dadurch gedeckt werden könnte, daß man 1% des städtischen Oktroibetrages, die früher zum Bedürfnis der Invalidenhäuser in die Staatskasse flossen, aber jetzt dazu nicht verwendet würden, in Anspruch nehme. Auf diese Vorschläge antwortete Grashof am 19. Juli 1815,[1]) daß man über die bestehenden Fundationen erst nach genauer Prüfung und nach Aufhebung des kaiserlichen Dekrets vom 21. August 1810 verfügen könne. Die Beiträge aus dem städtischen Oktroi dürfe man als Zuschüsse erst in Rechnung bringen,

---

[1]) Über die Unterhandlungen mit der Kölner Handelskammer vergl. Rhein. Westf. Wirtschaftsarchiv Nr. 65 Handelskammerakten.

nachdem die erforderliche Summe auch unabhängig davon anderweitig gesichert sei. Man müsse deshalb auf Mittel sinnen, um den nötigen Fonds ohne Rücksicht auf diese Beihilfen aufzubringen. — Aus allem ging hervor, daß man nicht nach einem einheitlichen Schema überall vorgehen, sondern nur wenige allgemeine Grundsätze aufstellen konnte, im übrigen aber nach den örtlichen Verhältnissen sich richten mußte. Die beiden Direktoren des öffentlichen Unterrichts wurden deshalb am 9. Juli 1815 angewiesen, sich in bezug auf jeden einzelnen Fabrikort ihres Bezirkes mit der zuständigen Handelskammer in Verbindung zu setzen und über die Modalitäten zu beraten, unter denen an den einzelnen Orten hinsichtlich der Zeit, der Fonds, des Lehrpersonals usw. das Projekt zur Durchführung gelangen könnte. Unter dem gleichen Datum schickte Sack einen ausführlichen Bericht [1]) an das Ministerium des Innern, in dem als allgemeine Grundsätze folgende aufgestellt wurden:

1. „Für alle in den Fabriken und Manufakturen gegen Tagelohn beschäftigte Kinder vom 8.—15. Jahre muß wegen der Unvereinbarkeit ihres Erwerbs mit dem gewöhnlichen Schulbesuch ein besonderer öffentlicher Unterricht stattfinden.
2. Der Lektionsplan dieses Unterrichts wird wegen der engeren Grenzen der ihm zu widmenden Zeit auf die allgemein nothwendigsten Gegenstände, Lesen, Schreiben und Rechnen beschränkt. Der Religionsunterricht bleibt wie bisher den Pfarrern überlassen. Auf eine zweckmäßigere und fruchtbarere Einrichtung desselben wird, wo es nöthig ist, durch andere Mittel und auf anderen Wegen hingewürkt.
3. Der besondere Unterricht der in den Fabriken beschäftigten Kinder muß, weil es hier darauf ankommt, in möglichst kurzer Zeit möglichst ergiebige Resultate zu liefern, immer dem geschicktesten Lehrer anvertraut werden, welcher an jedem einzelnen Orte zu haben ist.

---

[1]) D. St. A. Rep. D 4 I. Sekt. 1 Kap. 21 Nr. 14 und K. St. A. Repert. 249 Nr. 25.

4. Dieser Lehrer muß entweder eigends für diesen Zweck angesetzt, oder aber, wenn er den gedachten Unterricht neben einem ihm obliegenden gewöhnlichen Schulunterrichte ertheilen soll, für diese ihm zugemuthete Aufopferung eines großen Theils seiner Muße und Erholungsstunden durch angemessene und reichliche Besoldungszulage entschädigt werden."

Den besonderen Verhältnissen der einzelnen Fabrikorte müsse überlassen bleiben die Regelung 1. der Zeit des Unterrichts, wobei die Früh- oder Abendschulen den Sonntagsschulen und wiederum die Frühschulen den Abendschulen vorzuziehen seien; 2. der Besoldung und sämtlicher Kosten dieses Unterrichts, wobei als örtliche Modifikationen vorgeschlagen wurden a) die Bestreitung aus Stiftungen, b) aus der Kommunalkasse, c) aus Beiträgen der Fabrikherren oder Abzügen vom Tagelohn der Kinder, d) aus Beiträgen aus der Staatskasse. In den meisten Fällen möchten wohl mehrere dieser Hilfsquellen zugleich heranzuziehen sein.

Die am 30. September 1815 erfolgte Antwort des Ministeriums[1]) war zurückhaltend. Zwar sei die Verwahrlosung der Fabrikkinder „ein großer und dem Staate nichts weniger als gleichgültiger Übelstand", aber ein gesetzliches Einschreiten sei eben nicht ohne vorsichtige Modifikationen möglich, „weil das Interesse dürftiger Aeltern und der Fabrikherrn nicht blos, sondern auch des Staates selbst, dem es darauf ankommt, durch große Beeinträchtigung des ersteren keinen Unwillen zu erregen, auch seine Gewerbthätigkeit und deren Ertrag nicht bedeutend vermindert zu sehen, dabei zu sehr im Spiele ist." Zur Lösung des Problems wurde empfohlen, mehrere allgemeine Schulen mit den Fabriken in ein ähnliches Verhältnis zu setzen, wie es zwischen dem wissenschaftlichen Unterricht und dem Industrieunterricht in den sogenannten Industrieschulen bestehe. Der Einrichtung von Sonntagsschulen versagte das Ministerium seine Zustimmung, weil „die den Kindern nöthige Erholung, die Nothwendigkeit, sie früh an die dem geistigen und physischen Menschen so wohltätige Heiligung des Sabbaths zu gewöh-

---

[1]) D. St. A. Repert. D 4 I. Sekt. 1 Kap. 21 Nr. 14.

nen, und die Unmöglichkeit, in den wenigen Unterrichtsstunden an diesem Tage irgend etwas Erhebliches zu leisten" dagegen spreche. Der Sonntagnachmittag sei vielmehr zu benutzen zu Leibes- und Turnübungen als Gegengewicht gegen die schädlichen Wirkungen der sitzenden Lebensweise der Fabrikkinder. Die Kosten des Unterrichts müßten billigerweise zunächst von den Fabrikherren und den Kindern bestritten werden, „da die ganze Einrichtung um der letztern willen getroffen wird, und der Vortheil der erstern mit die Ursache ist, weshalb letztere den gewöhnlichen öffentlichen Unterricht nicht besuchen können". Nur mit Vorsicht und Sparsamkeit dürften Staatsfonds herangezogen werden, auch seien die Bestimmungen der etwa zu benutzenden Stiftungen sorgfältig zu beobachten. Die übrigen Maßnahmen wurden dem Oberpräsidenten anheimgestellt. Eine Abschrift dieser ministeriellen Verfügung wurde unterm 5. November 1815 Grashof mitgeteilt, damit er sie sich bei den weiteren Verhandlungen in dieser Frage als Norm dienen lasse. Sack hatte beabsichtigt, sofort nach Eintreffen der ministeriellen Genehmigung eine allgemeine Verordnung über die Einführung des Unterrichts für die fabrikarbeitenden Kinder zu erlassen. Die Verhandlungen mit den Fabrikanten und den übrigen in Betracht kommenden Faktoren kamen aber zu keinem befriedigenden Ergebnis. Man konnte sich nicht einigen über die Zeit dieses Unterrichtes, über die Beschaffung der Besoldungen usw., so daß man sich auch mit der endgültigen Lösung dieser höchst wichtigen Frage auf die definitive Organisation der Provinz und die Wirksamkeit der Lokalschulbehörden vertrösten mußte. Ganz ohne Erfolg sind aber auch die Bemühungen der provisorischen Verwaltung wohl nicht geblieben, indem doch der eine oder andere der Fabrikherren angeregt wurde, sich um das Los der bei ihm beschäftigten Kinder zu bekümmern. Görres berichtete wenigstens dem Oberpräsidenten, daß einige Fabrikanten in seinem Bezirke den Wünschen der Regierung entgegenkommen wollten, indem sie entweder auf eigene Kosten einen Unterricht für die Kinder einzurichten oder täglich eine Stunde zu diesem Zwecke freizugeben sich erboten. Im allgemeinen scheint es aber noch lange Jahre hindurch in dem schlimmen Zustande weitergegangen zu sein. Noch im Jahre 1826 schrieb Adolf Diesterweg im Märzheft von Rossels Rheinisch-Westfälischer Monatsschrift einen Aufsatz über das Elend der in Fabriken arbeitenden Kinder, wozu der Herausgeber in einer Anmerkung erklärte, daß Fabrikschulen noch etwas sehr Seltenes seien.

6. Abschnitt.

Der Unterricht. Görres als Pädagoge.

Die Reformen auf dem Gebiete der Schulorganisation und äußeren Verwaltung haben als das zunächst Notwendigste und Wichtigste der Regierung während des Provisoriums kaum die Möglichkeit gelassen, sich auch um die Besserung des eigentlichen Unterrichts selbst in eingehender Weise zu bekümmern. Es mußte dem persönlichen Wirken der beiden Direktoren des öffentlichen Unterrichts, der Pfarrer und der Lehrer selbst, besonders aber den Erfolgen der Normalkurse zunächst überlassen bleiben, in den Elementarunterricht nach und nach einen besseren Geist einzuführen, ohne daß die Regierung selbst schon mit bestimmten Vorschriften und Verfügungen eingreifen konnte. Die den beiden Direktoren aufgetragenen Vorarbeiten[1]) zur Aufstellung eines allgemeinen Schulreglements zeitigten nur für die höheren Schulen die vorläufige Instruktion vom 18. September 1814[2]) und die näheren Bestimmungen dazu vom 6. Dezember 1815.[3]) Der folgende Abschnitt kann daher weniger positive Maßnahmen bringen, als vielmehr nur die Pläne und Erwägungen darlegen, die von der Regierung und besonders von Görres selbst in dieser Hinsicht angestellt wurden. Insbesondere wird sich Gelegenheit bieten, die pädagogischen Anschauungen von Görres näher kennen zu lernen.

Durch die Tätigkeit der Normalschule, der Görres ein großes Interesse entgegenbrachte, konnte zunächst allein auf eine Hebung und bessere Behandlung der Lehrfächer hingearbeitet werden. Von allen Seiten war bekanntlich geklagt

---

[1]) K. St. A. Repert. 249 Nr. 14.

[2]) Journal vom 20. und 22. Sept. 1814.

[3]) Journal vom 7. Dez. 1815 außerordentliche Beilage.

worden über die absichtliche Beschränkung des Unterrichtsniveaus seitens der französischen Regierung. Sack hatte eine liberale Behandlung des gesamten Schulwesens während seiner Amtsführung versprochen[1]) und in Görres stand ihm ein Mann zur Seite, der ganz von dem gesunden liberalen Geiste, der hier Besserung schaffen sollte, erfüllt war. Görres verurteilte den bisherigen Unterricht als allzu dürftig und den Bedürfnissen des Volkes nicht angemessen, während er es anderseits als ein törichtes Bestreben bezeichnete, das Volk aus seinem Kreise herauszureißen und mit Kenntnissen anzufüllen, die ihm fremd seien und nichts nutzen könnten. Aber, „wenn die Sonne scheint über Stadt und Land, und der Regen fällt, und die Winde wehen, so gehört auch das Allgemeinste des geistigen Besitzes allen Ständen an, und nur das Besondere ist ungleich vertheilt, wie aller irdische Besitz. Das ist längst schon für alle religiöse Einsicht anerkannt und die Lehre ist überall dieselbe, auch für alle andere intellektuelle Kultur muß dies geltend gemacht werden".[2]) Sollte das nicht der Geist von 1789 sein, der die Assemblée nationale in der französischen Verfassung von 1791 als droits naturels et civils das Versprechen geben ließ:

„Il sera créé et organisé une instruction publique, commune à tous les citoyens, gratuite à l'égard des parties d'enseignement indispensables pour tous les hommes."?[3])

Görres' großes Interesse für die Revolution ist ja bekannt. Auch die ganze neuere Pädagogik von Rousseau an bis zu Pestalozzi, über dessen Einfluß auf Görres noch einiges zu sagen sein wird, stand ja in innigem Zusammenhang mit den Ideen von Individualität und Menschenrecht. — Alles Spekulative müsse dem Volke natürlich verschlossen bleiben, aber alle Kenntnisse, deren Erwerb nicht störe oder schade, müsse man als einen geistigen Besitz achten und dem Volke gönnen. Görres forderte deshalb für den Elementarunter-

---

[1]) Journal vom 16. Juli 1814.

[2]) K. St. A. Repert. 249 Nr. 16.

[3]) Altmann, Ausgew. Urkunden usw. S. 61 Verfassung von 1791 Titre I. 3.

richt die Erweiterung der bisher üblichen Fächer durch Naturkunde und Geographie, Geschichte des Vaterlandes, „wie sie dem Volke zukömmt“, und die Hauptsachen der Anthropologie, „das, was jeder wissen muß, um seine Gesundheit zu bewahren“.[1]) Von besonderem Interesse dürfte es sein, daß Görres schon damals die heute so lebhaft geforderte Bürgerkunde als Unterrichtsgegenstand der Elementarschule anregte, die „Kenntniß der Staatsverfassung und wieder das dem Landmann unentbehrlichste der Gesetzgebung“.[1]) Die Anregung zu diesem Unterricht in der Bürgerkunde und besonders auch in der vaterländischen Geschichte, der von großem Wert für die nationale Erziehung sein konnte, entsprang wohl derselben nationalen Gesinnung, die Görres auf wissenschaftlichem Gebiete durch seine lebhafte Beteiligung an der Begründung der Germanistik (Volksbücher, Lohengrin) und vor allem auf politischem Gebiete durch Wort und Tat bekundete. Von religiöser Unterweisung hielt Görres nur die Kenntnis der biblischen Geschichte für kleinere Kinder angebracht, „der Katechism. müßte im Grunde eigentlich ganz zu allerletzt bey schon Erwachsenen folgen, wenn man nicht befürchten müßte, durch eine solche Anordnung allzustark gegen schon bestehende Vorurtheile anzustoßen, die gebiethen, mit religiösen Vorträgen so früh als möglich anzufangen“.[1])

Der Unfug des verständnislosen Herunterleierns der Katechismuslehren durch sonst ganz ungebildete Kinder, deren einzige Schule der sonntägliche Unterricht des Pfarrers war, mag Görres zu dieser Forderung veranlaßt haben. Von der Einführung des Turnunterrichtes in die Normalschule war früher schon die Rede. Für die Verteilung der Lehrfächer auf die einzelnen Tage und Stunden stellte Görres einen Normalstundenplan[2]) auf, den er dem Generalgouverneur zur all-

[1]) K. St. A. Repert. 249 Nr. 16.

[2]) „Die erste halbe Stunde ist ... in der Regel sogenannter christlicher Lehre bestimmt. Der Lehrer läßt die im Lesen geübtere der Reihe nach die Sätze des Katechismus vortragen, und fügt seine Erläuterung bey. Nun fängt der eigentliche Klassenunterricht an. Die schicklichste Eintheilung mögte jene in drey Klassen seyn, wovon die erste die ABC-Schüler, die zweite die Buchstabierende, die dritte die Lesende befaßt.

gemeinen Einführung empfahl. Bemerkenswert ist, daß in diesem Stundenplan für jedes Fach nur immer je eine halbe Stunde vorgesehen war. Die einzelnen von Görres vorgeschlagenen Unterrichtsgegenstände haben darin keinen besonderen Platz, sondern sollten offenbar im Rahmen des Leseunterrichtes behandelt werden und zwar an Hand eines Normallesebuches, dessen Plan Görres dem Generalgouverneur darlegte. Alle vorhandenen Lehrbücher entsprachen nicht den Anforderungen, die Görres an ein wirklich praktisches Schulbuch glaubte stellen zu müssen. In diesem Normalbuche sollten alle die von ihm vorgeschlagenen Lehrgegenstände vereinigt sein und danach die Lehrer in den Normalschulen unterrichtet werden. Durch die gesetzliche Einführung die-

---

Die Letzte wird allenfalls wieder in zwei Abtheilungen zerfallen können, wovon die eine die mittelmäßig, die andere die geläufig lesende befaßt. In der zweiten Klasse wird das Schreiben, in der dritten zugleich das Rechnen getrieben. — Die zweite halbe Morgenstunde wird mit der Buchstabenkenntniß und mit Buchstabieren in der ersten Klasse ausgefüllt, während die zweite Klasse sich auf ihre Lekzion bereitet und die dritte schreibt. Die dritte halbe Stunde wird mit Sylabieren zugebracht, wobey die erste das Gelernte für sich wiederhohlt, die dritte aber die angefangene Arbeit wieder fortsetzt. — Die vierte halbe Stunde wird gelesen, im Lesebuch, wobey alle Klassen aufmerken, indem alsdann in möglichster Deutlichkeit das Gelesene, aus welchem Fache es immer seyn mag, erklärt und erläutert wird. — Die fünfte halbe Stunde ist Dienstags, Donnerstags und Samstags der Rechenkunst bestimmt, die übrigen Wochentage aber der Schreibkunst an der schwarzen Tafel. Die Kleinen werden alsdann, da ihre Anwesenheit unnütz ist und störend seyn würde, entlassen.

Nachmittags wird die erste halbe Stunde mit der biblischen Geschichte ausgefüllt.

Die zweite halbe Stunde wird mit den Kleinen buchstabiert, wobey es mit den Größern wie am Morgen gehalten wird.

Die dritte halbe Stunde wird syllabiert und dazwischen von der höheren Klasse nach der Vorschrift geschrieben.

In der vierten halben Stunde wird gelesen und das Gelesene erklärt. In der fünften werden die früher geschriebenen Vorschriften dem Lehrer vorgelegt, der sie soviel möglich einzeln verbessert und die Fehler wider die Schön- und Rechtschreibung anmerkt.« (K. St. A. Repert. 249 Nr. 16.)

ses Buches würde der störende Mißstand der verschiedenen Lehrbücher behoben, anderseits könne man bei der zu erwartenden großen Auflage dem Sparsamkeitsbedürfnis der Eltern entgegenkommen, indem man einen Unternehmer mit der möglichst billigen und guten Herstellung beauftrage. Da ein solches Buch noch nicht vorhanden war, regte Görres ein öffentliches Preisausschreiben an zur Bearbeitung des Ganzen oder einzelner Teile. Einstweilen solle man eines der vorhandenen guten Bücher, wenn sie auch manches vermissen ließen, wenigstens allgemein einführen. Ein neues, der Regierung von einem Pfarrer vorgelegtes Fibelprojekt wurde von beiden Direktoren als zur allgemeinen Einführung nicht geeignet abgelehnt, wenngleich Görres ihm das Verdienst nicht absprach, manche gute Idee zu enthalten, die es den Lehrern zur Ausbildung ihrer Methode empfehlenswert machte.[1])

Die Begünstigung oder gar Anbefehlung einer bestimmten Methode seitens der Regierung sei nicht ratsam. „Es sind der Wege mancherlei zum Unterrichte und es muß im wesentlichen den Lehrern überlassen bleiben, denjenigen zu wählen, den er seiner eigenen Mittheilungsgabe und dem Fassungsvermögen seiner Zöglinge am angemessensten findet.“ [1]) Die Ausbildung der pädagogischen und methodischen Fähigkeiten zu selbständiger Betätigung sei als die wichtigste Aufgabe der Normalschulen zu betrachten, denn „alle rechte Lehre ist eine geistige Gymnastik, die elendeste, aber nur allzu häufige Art ist, die Kinder zu nöthigen, daß sie stille halten, bis ihnen ein gewisses Maaß von Wissenschaft eingegossen ist, die einzige wahre Kunst aber, die Kinder so anzuregen, daß sie mit Thätigkeit das Gebotene fassen und verarbeiten und ihre Kräfte daran üben. Auf diese Kunst müssen die Landschullehrer eben so angeleitet werden, wie die Professoren höherer Institute, wenn ihre Schulen aufhören sollen, Behälter zu seyn, wo die Jugend mit geistigen Hungermahlzeiten kümmerlich aufgefüttert wird.“ [2])

---

[1]) K. St. A. Repert. 249 Nr. 17.

[2]) K. St. A. Repert. 249 Nr. 16.

Der Lehrer müsse mit Lust und Liebe unterrichten und selbst von dem durchdrungen sein, was er den Kindern beibringe. „Was mit Lust begonnen wird, wird auch mit Lust hinausgeführt und lohnt sich durch bessere Früchte; denn sie nur erzeugt Eifer und Tätigkeit und vervielfacht sich in ihren Wirkungen ...... Dann fühlt sich der Zögling angezogen zu den Gegenständen, die ihm hell und lebendig dargestellt werden, durchglüht von dem Vortrag, erweitert in seinem Denkvermögen, und er erkennt das Licht, das in ihm aufgegangen; und gewinnt die Lehre lieb, die ihm gegeben wird, wie den Lehrer, der sie ihm gibt. Was aus lebendiger Seele kömmt, nimmt die anschauende Seele auch willig auf, das furcht sich tiefer in den Geist ein, und verwischt sich nicht wie leiser Hauch auf der Oberfläche." [1])

Als ein Haupterfordernis gedeihlichen Unterrichts bezeichnete Görres die Gründlichkeit des Gebotenen, wogegen gerade die französische Schule sich so sehr verfehlt habe. Flachheit der Bildung schaffe charakterlose Menschen. „Was nur irgend der Oberfläche angeklebt wird, haftet nicht, sondern wird von dem ersten fremden Anstoße abgestreift, und läßt wenig Spuren der Mitteilung zurück. Auch verwöhnt sich der Geist zu leicht an ein irrendes Herumschweifen um die Ränder und an eine Furcht vor den ihm unergründlichen Tiefen. Ihm wird nie ein sicheres Wissen, nie die Möglichkeit, irgend ein Objekt festzuhalten und zu erschöpfen, und der also gereifte Mann wird jede Stelle, die ihm einst in seiner Bahn angewiesen ist, unausgefüllt lassen." [1])

Bezüglich der Handhabung der Disziplin glaubte Görres, den Lehrern bei ihrer einstweilen noch geringen Achtung unter den Bauern das Prügeln nicht verbieten zu dürfen. Inzwischen aber müsse den Lehrern selbst in den Normalschulen beigebracht werden, worauf es hauptsächlich bei der Erziehung ankomme, daß eine liebevolle Behandlung und anhaltende Aufsicht bei der vorherrschenden Gutmütigkeit der Kinder genüge, um sie in Schranken zu halten.[2]) Liebevoll und frei, und doch nach ihren Grundregeln streng sei

[1]) K. St. A. Repert. 249 Nr. 43.
[2]) K. St. A. Repert. 249 Nr. 16.

die Schuldisziplin, damit des Lehrers Ansehen den Kindern ebenso heilig wie seine Liebe ihnen fühlbar werde.[1]) Zur Anregung des Fleißes der Kinder sollte jeden Monat eine kleine Prüfung im Beisein des Pfarrers, des Ortsvorstandes und der Eltern stattfinden. Über Fleiß und sittliche Führung der Kinder sollte der Lehrer eine Liste führen und nach Ausweis dieser Liste die Namen der Fleißigsten und Ordentlichsten auf eine Tafel aufschreiben, auf der sie während des ganzen folgenden Monates sollten aufgeschrieben bleiben. Diejenigen, welche sich im Verlaufe des Jahres durchgängig als die Besten bewährt hätten, sollten bei einer großen Prüfung am Schlusse des Schuljahres kleine Geschenke als Prämien erhalten.[2])

Ohne Zweifel wird man einen Zusammenhang der Görresschen Pädagogik mit dem Geiste der Zeit, den Ideen der Romantik annehmen müssen, zu deren jüngerem Kreise er selbst ja auch literarhistorisch gehört. Schleiermachers Prinzip der Individualität hat Görres aus seinem weiten Geltungsbereiche der allgemeinen Menschheit hinübergetragen in die engeren Verhältnisse praktischer Pädagogik. Görres' Förderung einer individuellen Behandlung und eines liebevollen Verständnisses des kindlichen Geistes bedeutet für die Praxis der Schule dasselbe, was für die allgemeine Menschenbildung Schleiermachers Ansicht besagt, daß nur derjenige zu eigener Vollendung im bestimmten Kreise durchdringen könne, der mit weit geöffnetem Blick, mit teilnehmendem Verständnis jedes fremde Wesen, Streben und Treiben anzuerkennen imstande sei, daß aber kein eigenes Leben und keine Bildung möglich sei ohne die Liebe.[3]) Aus dieser Betonung des Individuums ergaben sich naturgemäß gewisse Rechte, nicht zuletzt das einer möglichst großen Entfaltung und Auswertung der im Einzelnen enthaltenen Kräfte und Fähigkeiten, die Erstrebung der romantischen Totalität. In diesem Sinne darf man wohl Görres Ansicht verstehen, daß das Allgemeinste des geistigen Besitzes allen ohne Unter-

---

[1]) K. St. A. Repert. 249 Nr. 43.

[2]) K. St. A. Repert. 249 Nr. 16.

[3]) Vergl. die Analyse von Schleiermachers „Monologen“ bei Rudolf Haym, Die romantische Schule. S. 543.

schied zukomme wie Regen und Sonnenschein. Auch die Forderung einer nationalen Erziehung durch Bürgerkunde und Geschichtsunterricht, die bei dem Politiker Görres ja natürlich ist, berührt sich mit den nationalen Interessen der Romantik.

Viel deutlicher als diese hier nur flüchtig angedeuteten Beziehungen der Görresschen Pädagogik zur Romantik ist die starke Beeinflussung durch Pestalozzi.[1]) — Gerade das liebevolle Verhältnis zwischen Lehrern und Schülern, der Familiensinn, war eines der Hauptmerkmale Pestalozzischer Erziehung und sollte das Fundament sein des Zusammenlebens in den von Pestalozzi geleiteten Instituten. Zur Liebe und Tätigkeit sollten die Kinder angeleitet werden. Auf der Zustimmung zu Pestalozzis Forderung: „Liebe und eine mit Liebe im Kinde entquellende Geistestätigkeit sind also offenbar der gemeinschaftliche positive und unveränderliche Anfangspunkt, von welchem die Entwickelung aller Anlagen zu unserer Veredelung ausgeht und ausgehen muß",[2]) beruht auch Görres' Ideal aller rechten Lehre als einer geistigen Gymnastik, bei der es nicht sowohl darauf ankomme, das Kind mit Kenntnissen vollzupfropfen, als vielmehr mit liebevoller Berücksichtigung der Individualität zur selbständigen Betätigung anzuregen. Görres war allerdings hierin konsequenter als Pestalozzi. Denn während Pestalozzi den Lehrer nach seinem Ideal an die in seinem Lehrbuch vorgeschriebene

---

[1]) Einen guten Überblick über die Hauptgrundsätze Pestalozzischer Elementarbildung erhält man aus Pestalozzis Abhandlung im 11. Bd. seiner Schriften: „Ansichten und Erfahrungen, die Idee der Elementarbildung betreffend." Diese Abhandlung ist hier vorwiegend herangezogen worden. Wenngleich auch Pestalozzi bei der Gesamtausgabe seiner Werke im Jahre 1819 durch Erfahrung belehrt, manche der hierin ausgesprochenen Ansichten revidiert hat und wenn auch in Pestalozzis Institut in Wirklichkeit nicht alles so schön war, wie er es sich selbst vortäuschte, so mag doch diese Abhandlung lange als Zeugnis seiner Anschauungen gültig gewesen sein. Sie war schon 1807 in Leipzig erschienen unter dem Titel: „H. Pestalozzis Ansichten, Erfahrungen und Mittel zur Beförderung einer der Menschennatur angemessenen Erziehungsweise."

[2]) Pestalozzi Bd. 11 S. 62.

Methode gebunden wissen wollte, forderte ja Görres die freiere Handhabung der Methode. Seine Anlehnung an Pestalozzis Prinzip, „durch einen lückenlosen Stufengang zu dem, was wir wollten und sollten, hinzuschreiten",[1]) betonte Görres ausdrücklich, als er es in seinem Bericht vom 28. November 1814[2]) als das Zweckmäßigste und Natürlichste bezeichnete, beim Unterricht „den Weg der stufenweißen Entwickelung einzuschlagen, wie ihn die Pestalozze angegeben". Auf dem Wege dieser stufenweisen Entwickelung lagen auch bei Pestalozzi die von Görres zur Erweiterung des Unterrichtsplanes der Elementarschule vorgeschlagenen Lehrfächer.[3]) Auch das, was Görres über die Allgemeinheit und doch z. T. notwendige Beschränkung des Unterrichts sagt, hat sein Vorbild in Pestalozzischen Anschauungen. „Ich sah bald," so schreibt Pestalozzi, „daß Armut und Reichtum auf die zu erzielende wahre Bildung des Menschengeschlechtes keinen, sie in ihrem Wesen ändernden Einfluß weder haben können noch haben sollen, daß im Gegenteil hierin das ewig Gleiche und Unveränderliche in der Menschennatur in jedem Fall notwendig unabhängend und getrennt von allem Zufälligen und Äußern ins Auge gefaßt werden müsse. . . . Die besondere Handbietung für einen jeden Stand muß blos als ein Zusatz, als eine Folge und als eine nähere Bestimmung der kraftvollen Handbietung der Menschennatur angesehen werden."[4])

Wir dürfen annehmen, daß Görres in diesem Pestalozzischen Sinne, wenn sich das freilich auch nicht aktenmäßig beweisen läßt, auf seinen Dienstreisen seinen Einfluß geltend zu machen bemüht gewesen ist. Ganz besonders aber betätigte er sein lebhaftes Interesse für die Pestalozzische Pädagogik durch eine eifrige Förderung der während seiner Amtszeit in Koblenz begründeten

---

[1]) Pestalozzi Bd. 11 S. 33.

[2]) K. St. A. Repert. 249 Nr. 16.

[3]) Vergl. u. a. Wie Gertrud ihre Kinder lehrt. Werke Bd. 5 S. 195.

[4]) Pestalozzi Bd. 11 S. 44 ff.

Pestalozzischen Schule.

Im Dezember 1814 beantragte ein Schüler Pestalozzis, Philipp Rossel, der mehrere Jahre das Institut von Iferten besucht hatte, bei Görres die Genehmigung zur Errichtung einer Pestalozzischen Lehranstalt in Koblenz und ersuchte zugleich um die Überlassung eines geeigneten Lokals für diesen Zweck. Bei dem in Koblenz wie allerorts schlechten Zustand der Schulen, insbesondere des Gymnasiums, trug Görres kein Bedenken, die Genehmigung zur Eröffnung der Anstalt zu erteilen. Wegen des Lokals unterstützte er beim Gouvernementskommissar Rossels Antrag auf Überlassung eines Nebengebäudes des Koblenzer Schlosses. Er hielt gerade dieses Gebäude für die Schule für besonders geeignet, weil ein wohlgelegenes abgesondertes Lokal ein Hauptbedürfnis des pestalozzischen Unterrichts sei.[1]) Da aber in den Räumen des Schlosses wegen der großen Zahl von Militärkranken ein Hospital für Krätzige eingerichtet war, glaubte der Gouvernementskommissar, daß die Eltern Bedenken tragen würden, ihre Kinder dorthin zu schicken und überließ dem Unternehmen Rossels ein Lokal in dem ehemaligen Deutschordenshause, in dem sich jetzt das Königliche Staatsarchiv befindet. Am 5. Januar 1815 wurde hier der Unterricht von Rossel und seinem Kollegen Stammer eröffnet.[2]) Über die Wirksamkeit des neuen Instituts berichtete Görres dem Generalgouverneur ausführlich am 30. Juli 1815[3]) und begründete die seinerseits erteilte Genehmigung damit, daß „die Pestalozzische Methode, abgerechnet einzelne Willkürlichkeiten oder Pedanterien, in die sie ihre Verbreiter hinabgezogen haben mögen, anerkannt für den Elementarunterricht Vorzüge" habe, die ihr keine andere streitig machen könnte. Auch habe er in der Begründung dieser Anstalt die erwünschte Gelegenheit zu finden geglaubt, die Lücke in den Koblenzer Unterrichtsanstalten einigermaßen auszufüllen. Er hege die Hoffnung, daß aus dieser Schule „wohlgebildete

---

[1]) K. St. A. Gen. Gouv. Kom. Kobl. VI. Sekt. 2 B 2 Nr. 2.

[2]) Siehe Rossels Anzeige im Koblenzer Nachrichts und Anzeigeblatt vom 6. Jan. 1815 Nr. 1.

[3]) K. St. A. Gen. Gouv. N. u. M. Rhein Sekt. 1 Kap. 21 Nr. 20. Dieser Bericht liegt dem Folgenden zu grunde.

Jünglinge und in Bürgertugend starke Männer" hervorgehen würden, weshalb sie auch die besondere Beachtung seiner Majestät des Königs und einer hohen Regierung verdiene. — Bei der Eröffnung zählte die Anstalt nur sieben Schüler. Diese geringe Frequenz hielt einen ganzen Monat an, denn die Eltern betrachteten die Schule zunächst argwöhnisch und wollten abwarten, auch hatte die Schule selbst gegen vielfache Verleumdungen zu kämpfen, die von den über die Konkurrenz erbosten Privatlehrern in der Stadt verbreitet wurden. Allmählich wuchs die Zahl der Zöglinge und betrug im Juli schon 40 Knaben. Die Zahl der Lehrer wurde durch Rossels Bruder und einen gleichfalls aus der Schule zu Iferten hervorgegangenen Lehrer entsprechend vermehrt. Für den Religionsunterricht der katholischen Schüler wurde der Vikar Nalbach von der Kastorkirche hinzugezogen.

Das Alter der Schüler bewegte sich zwischen 5 und 13 Jahren. Die begüterten zahlten monatlich 2 Florin Schulgeld, die Armen wurden umsonst aufgenommen. Der Unterricht war von 8—12 vormittags und von 2—5 Uhr nachmittags. Von 5—6 Uhr war Erholungsstunde, danach bis 8 Uhr Turnen. Bei den Turnübungen wurde, wie auch in Pestalozzis eigenem Institut, das Militärexerzieren besonders fleißig getrieben. Die übrigen Unterrichtsgegenstände waren: Menschenlehre, Zeichnen, Geometrie und Formenlehre, Schreiben, Lesen, Deutsche Sprache, Religion und Gesang. Die Schüler waren natürlich je nach Alter und Fähigkeit in besondere Klassen eingeteilt. Die Anstalt war von vorneherein auch auf die Aufnahme von Mädchen berechnet gewesen. Aber erst seit Anfang Juli war eine getrennte Abteilung für Mädchen eingerichtet worden, in der zunächst acht Mädchen in den nämlichen Fächern wie die Knaben mit Ausnahme der Geometrie und des Turnens, aber dafür $2^1/_2$ Stunde täglich von einer Professorenwitwe in Handarbeiten unterrichtet wurden.

Zur Teilnahme an dem ihm besonders wichtig erscheinenden Turnunterricht hatte Görres auch die Schüler des Gymnasiums heranzuziehen versucht, aber damit wegen der einstweilen noch herrschenden Vorurteile zunächst wenig Erfolg gehabt, hoffte aber, daß das Publikum den auf einem offenen Platze stattfindenden Übungen im Laufe der Zeit immer mehr Geschmack abgewinnen würde. — Da die Anstalt mit den ihr aus dem Schulgelde zufließenden geringen Mitteln nicht auskommen konnte, beantragte Görres einen Zuschuß aus der Staatskasse mit dem Hinweis darauf, daß der König ja auch in den altpreußischen Provinzen die Einführung der Pestalozzischen Methode gefördert habe.[1]) Der über Görres Antrag zu Bericht aufgeforderte Gouvernementskommissar von Koblenz konnte die Fortschritte des Rosselschen Instituts nicht leugnen, rügte aber, daß Görres in der Sorge dafür das gänzlich herabgekommene Koblenzer Gymnasium vernachlässige.[2]) Um nun beiden Anstalten zu helfen, schlug er vor, das Pestalozzische Institut als Vorbereitungsklassen mit dem Gymnasium zu vereinigen und ihm einen jährlichen Zuschuß von 2000 Franken zu bewilligen. Görres erklärte sich gegen die Vereinigung dieser beiden Anstalten, weil der Lehrplan ganz verschieden sei und sich nicht leicht ein Anknüpfungspunkt möchte finden lassen.[2]) Inzwischen war aber der Termin der Abberufung Sacks aus der Rheinprovinz so nahe gerückt, daß er eingreifende Maßregeln betreffs dieser Anstalt nicht mehr glaubte treffen zu dürfen. In einem aufmunternden und anerkennenden Schreiben ermahnte er den Leiter des Instituts, in der bisherigen Wirksamkeit fortzufahren und stellte ihm eine Gratifikation aus etwaigen Überschüssen der Staats- oder Departementskasse in Aussicht. Er hatte schon vorher Rossel den Vorschlag gemacht, sein Institut nach Köln oder Bonn oder einen anderen Ort seines künftigen Oberpräsidialbezirks zu verlegen. Sack hatte erwartet, daß ihm nach der Teilung der preußischen Rheinlande die Verwaltung des Oberpräsidialbezirks Kleve, Jülich, Berg übertragen würde. Da er nun aber wider Erwarten ganz aus den Rheinprovinzen abberufen wurde, mußten sich die Pläne bezüglich der Verlegung des Rosselschen Instituts von selbst zerschlagen.

---

[1]) Auch in den Brühler Normalkursen wurde der Rechenunterricht nach Pestalozzischer Methode getrieben.

[2]) K. St. A. Gen. Gouv. N. u. M. Rhein Sekt. 1 Kap. 21 Nr. 20.

Inhaltsangabe.*)

*) Diese Inhaltsangabe gibt eine Übersicht über die ganze Arbeit.

Julius Beltz, Hofbuchdrucker, Langensalza.

Lebenslauf.

Ich, Alfons Maria Hubert Schagen wurde geboren zu Düsseldorf am 9. Juli 1889 als Sohn des Oberstadtsekretärs Hubert Schagen und seiner Ehefrau Maria geb. Cafitz und gehöre der katholischen Konfession an. Nach Absolvierung des Königlichen Hohenzollern-Gymnasiums meiner Vaterstadt am 9. März 1909 bezog ich im Sommersemester 1909 die Universität Bonn, wo ich während drei Semestern Vorlesungen hörte bei den Herren Professoren v. Bezold, Elter, Frank, Frost, Hashagen, Külpe, Litzmann, Loeschke, Nissen, Ritter, Schulte, Schultz, Solmsen und Wilmanns und an den Übungen der Herren Prof. Brinkmann, Litzmann und Schultz teilnahm.

Im Wintersemester 1910/11 war ich in München immatrikuliert und besuchte Vorlesungen bei den Herren Professoren Burger, Grauert, Kutscher, Munker, Paul, Streitberg, Schneider, Voll und das Seminar des Herrn Prof. Simonsfeld.

Vom Sommersemester 1911 an war ich wieder in Bonn immatrikuliert und hörte Vorlesungen bei den Herren Professoren v. Bezold, Frank, Külpe, Levison, Litzmann, Platzhoff, Schulte und Wentscher und besuchte das Seminar bezw. die Übungen der Herren v. Bezold, Bühler, Hashagen, v. Kraus, Litzmann und Külpe.

Die Anregung zu der vorliegenden Arbeit ging aus von Herrn Privatdozenten Dr. Justus Hashagen in Bonn, dem für sein außerordentlich förderndes Interesse an der Arbeit mein ergebenster Dank ausgesprochen sei. Sodann gebührt mein Dank dem Herrn Geheimen Regierungsrat Prof. Dr. v. Bezold für freundliche Übernahme der Berichterstattung. Ferner habe ich zu danken den Verwaltungen des Königlichen Geheimen Staatsarchivs in Berlin, der Königlichen Staatsarchive zu Koblenz und Düsseldorf und des Rheinisch-Westfälischen Wirtschaftsarchivs in Köln für die Überlassung der Akten; ebenso der Königlichen Universitätsbibliothek in Bonn und der Landes- und Stadtbibliothek in Düsseldorf für die Beschaffung der einschlägigen Literatur.

Die mündliche Doktorprüfung war am 26. Febr. 1913.

FSC
www.fsc.org
MIX
Papier | Fördert gute Waldnutzung
FSC® C083411

Kolibri 360 GmbH
Ferdinand-Jühlke-Straße 7
99095 Erfurt, Deutschland
produktsicherheit@kolibri360.de